김홍신
인생사용설명서

단 한 번뿐인 삶을 위한 일곱 가지 물음

김홍신
인생사용 설명서

해냄

날마다
하늘만큼
환히 웃으소서

글을 시작하며

우리의 인생은 매우 존귀합니다

세상이 참 어렵고 복잡해졌다고들 말합니다. 저도 같은 생각을 하고 있던 어느 날, 저에게 깨달음을 선사해 주신 스승께서 물으셨습니다.

"세상이 복잡한가, 머릿속이 복잡한가?"

그 말씀을 듣고 저는 고개를 숙일 수밖에 없었습니다.

세상을 탓하는 게 훨씬 쉬웠기 때문에 제 머릿속이 복잡할 뿐이라는 생각을 미처 하지 못했던 것입니다. 눈을 감으면 대낮에도 세상이 깜깜하게만 느껴진 이유를 그제야 깨달을 수 있었습니다.

자신이 어떻게 보느냐에 따라 이 복잡다단한 세상은 분명히 달라집니다. 지금 자신의 처지가 마음에 들지 않는다 해도 그 속에서 희망의 요소들을 찾아 하나하나 적어보십시오. 당신의 인생을 책임질 수 있는 사람은 오직 당신뿐이니 반드시 스스로 행복을 찾을 수 있어야 합니다.

얼마 전 독일의 호이젤 박사라는 분이 인상 깊은 실험을 했다는 뉴스를 본 적이 있습니다. 목마른 사람들에게 화난 사람 사진을 50분의 1초 간격으로 보여준 다음 물을 주면서 얼마를 기부하겠느냐고 물었다지요. 그랬더니 사람들이 평균 10센트 정도를 내놓았답니다. 다음에는 웃는 사람 사진을 보여주고 기부 액수를 물었습니다. 놀랍게도 이번에는 평균 38센트를 내놓았다고 합니다.

그 뉴스를 보고, 웃는 모습만 보아도 사람의 마음이 열리는데 하물며 스스로 웃을 수 있다면 세상이 얼마나 어여쁠까 하고 생각했습니다. 그래서 문득 이 세상 모든 사람들이 웃으며 행복에 젖을 방법이 없을까 생각해 보았습니다. 나를 아는 모든 사람들을 환하게 웃게 할 수는 없을까? 내가 아는 사람들만이라도 기쁘게 할 수 있는 방법은 없을까?

인생에는 중요하지만 쉽게 깨닫지 못하는 것과 눈앞에 바로 보이기에 빨리 얻기를 원하는 것이 있습니다. 건강, 웃음, 사랑, 행복이 전자라면 돈, 명예, 권력 같은 것이 후자일 듯합니다.
　그동안 미뤄왔지만 진정 추구해야 할 가치, 이제 중요한 것 먼저 선택합시다. 우리의 인생은 매우 소중하고 존귀하기 때문입니다.

2009년 6월

김홍신

| 차례 |

글을 시작하며 우리의 인생은 매우 존귀합니다 7

1장 당신은 누구십니까
그 무엇과도 바꿀 수 없는 것 15
끌고 가는 사람, 끌려가는 사람 20
행복의 기준 30

2장 왜 사십니까
당장은 죽고 싶지 않은 이유 39
열정의 놀라운 힘 44
날마다 일어나는 기적 51

3장 인생의 주인은 누구입니까
깨어 있는 영혼 59
색안경 낀 사람들의 세상 68
우리 민족의 웅혼한 기상 77

4장 이 세상이 존재하는 이유는 무엇입니까

세상 모든 것과 더불어 사는 법 93
인간의 향기 102
김수환 추기경이 남기고 간 사랑 107

5장 누구와 함께하겠습니까

인생의 마중물 115
억겁의 우연 끝에 만난 사람들 124
나쁜 인연이란 없습니다 132

6장 지금 괴로운 이유는 무엇입니까

미움을 포기하는 법 143
마음에 박힌 가시 150
용서의 위대함 156

7장 어떻게 마음을 다스리겠습니까

깨달음을 얻은 날 165
소박하게 산다는 것 173
행복에 이르는 일곱 가지 방법 179

글을 마치며 결코 늦지 않았습니다 189

1장
당신은 누구십니까

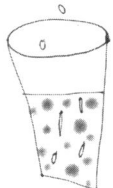

만약 얼굴을 감출 수 있다면 서로를 어떻게 알아보겠습니까? 큰 종이에 이름, 주민등록번호, 이력, 가족사항 등을 주저리주저리 써서 붙이고 다녀야만 겨우 서로를 알아볼 수 있을 것입니다.

그 무엇과도 바꿀 수 없는 것

"당신은 누구십니까?"

누군가 여러분에게 이렇게 묻는다면 뭐라고 대답하겠습니까? 바로 앞에 종이가 한 장 놓여 있다면 그 안에 빼곡히 채워 쓸 수 있습니까?

아마도 이름, 나이, 주소, 성별, 가족사항, 주민등록번호, 학력, 고향, 경력 정도를 밝히고 나면 다음엔 그다지 쓸 거리가 없을 것입니다.

하지만 당신이 누구냐고 묻는 것은 생김새나 겉모습, 일상적인 것을 알기 위함이 아닙니다. 당신의 근원과 본질이 무엇인가 스스로 생각해 보기를 권한 것입니다.

자, 다시 한 번 자신이 누구인가 생각해 보십시오. 어디에서 왔고 어디로 가는지를 말입니다. 육신은 해부하면 오장육부가 어떻게 생겼는지 알 수 있지만, 영혼은 해부할 수도 없고 눈에 보이지도 않습니다.

그렇다면 정답이 있을까요? 아마도 명답은 있을지언정 정답은 찾을 수 없을지도 모릅니다.

만약 얼굴을 감출 수 있다면 서로를 어떻게 알아보겠습니까? 큰 종이에 이름, 주민등록번호, 이력, 가족사항 등을 주저리주저리 써서 붙이고 다녀야만 겨우 서로를 알아볼 수 있을 것입니다.

얼굴이 그대로 있더라도 국가 공인기관에서 부동산 가격을 책정하듯, 사람마다 가격을 매겨 가슴에 달고 다닌다고 가정해 봅시다. 그러면 사람들은 얼굴부터 볼까요, 아니면 가격표부터 확인할까요?

사람의 가치가 다 똑같지 다를 리 있겠느냐고 말하는 분도 있을 것입니다. 교통사고를 당하면 사람마다 보험료가 달리 책정되듯이 사회적 가치면에서 판단하면 서로 가치가 다르다는 걸 알 수 있습니다. 사회적 가격이 다른 것이지요.

  사람들은 흔히 사회적 가격 때문에 열등감에 빠져 주눅이 들거나 자신감을 잃거나 갈등에 시달리곤 합니다.

  성적 상위의 대학교에서 박사학위를 받은 인문계열 출신들이 대한민국에서 가장 열등감을 느낀다는 말이 있습니다. 이른바 일류대학에서 박사학위를 받았음에도, 외국의 명문대학 출신이나 의학계열 또는 사법고시 합격자들과 자신을 비교하기 때문일 것입니다.

  또 얼굴이나 몸매 등 외모에 열등감을 많이 느끼는 사람은 연예인들이라고 합니다. 가창력이나 연기력도 중요하지만 겉으로 비쳐지는 외모가 가장 눈에 띄기 때문에 거기에서 열등감이 비롯되는 듯합니다.

  결국 열등감이란 자신이 가장 원하는 것들 때문에 스스로 고통을 짊어지고 괴로워하는 갈등입니다.

  사람들은 스스로 사회적 가격이 낮다고 여기기 때문에 열등감에 빠지곤 합니다. 권력, 명예, 재물, 인물, 학연, 지연, 가족

등을 남들과 비교하기 때문에 자신의 가치를 낮춰 보고 주눅이 들거나 보잘것없다고 자탄하곤 합니다.

 진정 당신은 가격이 낮을까요?

 지금 나의 가치는 과연 얼마쯤일까, 한번 계산해 보십시오.

 다른 사람들은 나를 얼마 정도로 생각하겠습니까?

 가장 가까이에 있는 사람에게 물으면 어떻게 대답할까요?

 어쩌면 그 사람은 자기 마음대로 낮춰 생각했을지도 모릅니다. 그러니 서로에게 묻지는 마시고 그냥 속으로 냉정하게 생각해 보십시오.

 가장 높은 가격으로 책정해 주어야 마땅하다고 보이는 부부끼리 오히려 가격을 깎아내릴지도 모릅니다. 더구나 부부싸움을 한 다음이라면 배우자를 누가 공짜로 가져갔으면 좋겠다고 생각할지도 모릅니다. 한술 더 떠서 데려가기만 하면 몇 푼 얹어주겠다고 할 수도 있습니다.

 이럴 때, 대부분의 사람들은 배우자가 변했기에 나의 가치를 깎아내렸다고 생각하기 쉽습니다. 하지만 정말 그럴까요?

 연애할 때나 신혼의 단꿈에 젖어 있을 때였다면, 상대가 커피를 쏟는 걸 보고 얼른 손수건을 대어주며 "데지 않았어, 괜찮아?"라고 물었을 것입니다.

그런데 지금은 어떻게 합니까?

"칠칠맞기는……" 하며 면박을 주지는 않으십니까?

나는 그대로인데 상대가 변했다고 생각하기에 보이지 않는 갈등의 골이 점점 더 깊어지는 것입니다. 이제부터 어떻게 해야 할까요?

끌고 가는 사람, 끌려가는 사람

　진주나 다이아몬드, 금 같은 보석들은 왜 값이 비싼 걸까요? 희귀한데다 잘 변하지 않는 것들이기 때문입니다. 그렇다면 세계 인구 67억 명 중에 영혼과 육신이 같은 사람이 단 한 명이라도 더 있을까요?

　단연코 없습니다. 과거에도 없었고 현재에도 없으며 미래에도 없을 것입니다. 그렇기에 당신은 세상의 그 무엇과도 비교할 수 없을 만큼 존귀한 사람입니다.

　앞서 당신의 가치를 물었을 때, 대부분 자신을 별로 비싸게 여기지 않았을 것입니다. 또 당신과 가장 가까운 사람도 낮추어 생각했을 것입니다.

당신은 사람으로 태어난 것만으로도 도저히 가격을 매길 수 없을 만큼 귀한 존재입니다. 그런데 스스로를 헐값으로 잘못 매긴 것입니다.

온 세상과도 바꿀 수 없는 존엄한 존재임에도 스스로 '나는 그저 그렇다'라고 생각하는 것입니다.

물론 이런 일이 벌어져서는 안 되겠지만, 만약 흉악범이 당신에게 흉기를 들이대며 목숨을 내놓든지 아니면 가진 재산을 모두 내놓으라고 한다면 어떻게 하겠습니까?

그때서야 비로소 재산보다 목숨이 소중하다는 것을 절감할지도 모릅니다. 망설임 없이 전재산을 다 내놓을 만큼 우리 자신은 소중한 것이니까요. 그런데 무엇 때문에 평소에는 그렇게 생각하지 않을까요?

열등감에 빠져있거나 주눅이 들어 있기 때문입니다. 사실 열등감은 욕심에서 비롯되는 것입니다. 욕심은 두 가지 모순된 욕구를 한꺼번에 채우려는 데서 커지는 것이지요.

공부는 안 하면서 좋은 대학에 가려는 것, 노력도 안 하고 성공하려는 것, 잘 웃지 않으면서 푸근한 인상을 주려는 것, 사랑하지 않으면서 사랑받으려는 것, 밥은 많이 먹고 운동도 하지 않으면서 허리둘레 줄어들길 바라는 것, 이런 게 바로 욕심입니다.

여름 밤에 모기 때문에 잠을 설치고 화를 내는 사람들이 많습니다. 잠들 무렵 모기가 귓전에서 '왜앵' 하고 울면 사람들은 대부분 벌떡 일어나 어떻게든 때려잡으려고 합니다. 참으로 작고 보잘것없는 존재에게 어째서 화를 내는 걸까요?

만약 모기가 잠자리만큼 크다면 언제든지 때려잡을 수 있을 겁니다. 그러나 우리가 모기에게 화를 내는 까닭은 바로 눈에 잘 보이지 않기 때문입니다. 우리가 스스로를 답답하게 여기는 것은 아마도 우리 안에 모기 같은 존재가 도사리고 있어서인지도 모릅니다. 그것은 바로 보잘것없어 보이는 우리 마음입니다.

육신은 눈에 보이지만 영혼과 마음은 보이지 않기에, 사람들은 갈등을 겪고 마음을 다스리지 못하며 스스로 보잘것없다고 생각합니다. 그리하여 열등감에 빠지거나 주눅 드는 것입니다.

특히 사회적 가격 때문에 주눅이 드는 것은 간절히 원하는데 이루어지지 않거나 갖고 싶은데 갖지 못하기 때문입니다.

내가 갖지 못한 것을 가지려고 노력하는 건 결코 나쁜 게 아닙니다. 하지만 가져서는 안 되는 걸 가지려고 하거나 갖기 어려운 걸 노력 없이 가지려 한다면 갈등에 휩싸이고 주눅이 들게 마련입니다.

소유하려는 욕구보다 자존심이 강한 사람은 남보다 많이 갖지 않아도 비교하지 않습니다. 온 세상에 하나밖에 없는 자신이 더없이 존귀하기에 스스로 행복하다고 여기는 것이지요. 그래서 소박하게 살면서도 만족하고 행복해합니다.

인도의 비하르주 가흘로우르라는 마을에 가장 비천한 신분인 수드라 계급이었던 다스라트 만지라는 사람이 있었습니다. 그는 아내가 산에서 굴러 떨어져 머리를 다쳤을 때 치료할 병원과 약이 없어 숨이 끊어지는 걸 그냥 보고 있을 수밖에 없었습니다.

그가 사는 곳은 88킬로미터를 돌아가야만 읍내 병원에 갈 수 있는 오지였습니다. 마을 바로 뒤에 있는 칼바위산은 산세가 험하여 사람이 다니지 못하는 곳인데 큰 마을과 좋은 병원은 그 산 너머에 있었습니다. 그러니 다친 사람을 후송할 방법이 없어 아까운 목숨을 잃었던 것입니다.

또한 마을 앞엔 아로푸르 강이 흘러 우기가 되면 강 건너 비즈르간즈까지 반경 31킬로미터 정도의 지역이 강물로 가득 찼습니다.

만지는 아내의 장례를 치르자마자 망치 한 자루와 정 하나를 들고 칼바위산을 깨부수기 시작했습니다. 그의 행동을 미친 짓이라고 생각한 마을 사람들은 아무도 도와주지 않았습니다.

틈틈이 남의 일을 거들어주고 밥을 얻어 먹어가며 칼바위산을 깨부수던 그는 가까운 사람들이 아무리 말려도 듣지 않았습니다. 사람들은 가당찮은 짓을 계속 하는 그를 이상한 사람으로 취급할 수밖에 없었습니다.

마침내 기적이 이루어졌습니다. 1960년 양손에 망치와 정을 들고 바위를 깨뜨리기 시작하여, 22년 만인 1982년에 드디어 칼바위산을 관통하는 길을 뚫었던 것입니다. 총 길이 915미터, 평균 너비 2.3미터에 깊이는 최고 9미터까지 이르는 바위를 파내어 길을 낸 것입니다.

홀로 바위를 쪼아 길을 내기 시작한 20대 후반의 청년은 22년

이라는 시간 동안 궁상스럽고 볼썽사나운 늙은이로 변해버렸습니다.

　마을 사람들은 무려 88킬로미터를 돌아가야만 했던 읍내를 자전거를 타고 갈 수 있었고 손수레도 끌고 갈 수 있었습니다.

　뒤늦게 인도 정부에서 상금과 훈장을 주겠다고 하자 만지는 단칼에 거절했습니다.

　"내가 할 일을 했을 뿐입니다."

　그리고 이번에는 마을 앞을 가로막은 아로푸르 강에 다리를 놓기 시작했습니다.

　칼바위산을 깨부술 때는 정과 망치만 있으면 되었지만, 다리를 놓으려면 무수한 자재와 장비가 필요합니다. 그 가난뱅이가, 학교에도 가본 적 없는 일자무식의 허약한 늙은이가 거대한 강 위에 무슨 재주로 다리를 놓을 수 있겠습니까?

　그러나 언젠가는 그 다리가 완공될 것이라고 믿습니다. 대를 이어 다리를 놓을지도 모르고, 독지가가 나서거나 정부에서 지원을 할지도 모릅니다.

　어쨌거나 만지 덕분에 88킬로미터가 1킬로미터로 가까워졌습니다. 그는 자유로움을 깨달은 사람이며 그의 행실은 베풂이자 사랑이었습니다. 사랑과 베풂은 너와 내가 함께 누리는 것입니다.

만지는 지금쯤 세상을 떠났을지도 모릅니다. 그러나 그는 여전히 저에게 아름다운 사람으로 남아 있습니다. 작은 체구에 궁상스럽기 짝이 없는 가난뱅이 늙은이지만 가장 아름다운 사람으로 사람들 마음속에도 기억될 것입니다.

만지가 위대한 것은 22년 동안 칼바위산을 깨부수어 길을 낸 행동 때문이 아니라, 거대한 산을 두려워하지 않은 자존심을 품고 있었기 때문입니다. 그가 산의 위용 앞에 주눅이 들었다면 결코 도전하지 못했을 것이니까요.

열등감에는 예방주사가 없습니다 못나고 부족하고 무엇도 해낼 수 없다고 생각하는 사람은 결코 행복해질 방법을 찾지 못합니다.

강아지 목에 왜 목걸이를 채우는지 아십니까? 주인 마음대로 다루기 위해서입니다. 세상에 끌려다니는 것은 스스로의 목에 목걸이를 채우고 슬퍼하는 것과 다름없습니다.

세상의 주인으로 살겠습니까, 아니면 목걸이에 끌려다니겠습니까?

　세상을 끌고 가는 사람은 스스로의 존엄함을 인정한, 자존심 있는 사람입니다. 반면, 세상에 끌려다니는 사람은 열등감에 사로잡혀 주눅 든 사람입니다.

　지금 한 번 생각해 보십시오. 세상에 끌려다녔는지, 아니면 세상을 끌고 앞장서 갔는지 말입니다.

　사람들에게 물어보면 대부분이 자신은 끌려다녔다고 말합니다. 더러는 끌려다니지도 앞장서지도 않은 채 나 편한 대로 살았다고 대답합니다. 끌려다녔다고 하면 자존심 상하고 세상을 끌고 다녔다고 하면 잘난 체한다고 할까 봐 그렇게 얼버무리는지도 모릅니다.

　혹시 모임에 참석하기 전 옷장을 열어보고 입을 만한 것이 하나도 없다고 투덜댄 적이 있습니까? 그런 적이 있다면 외모에 자신이 없거나 예전보다 뱃살이 붙었거나 멋내야 할 사연이 있거나 그 분위기에 돋보이고 싶거나 비싼 옷을 입고 잘난 체하고 싶은 욕구가 있었기 때문일 것입니다. 바로 그런 마음이 당신이 주눅 들어 있다는 증거입니다. 모임에, 세상에 끌려가고 있던 것입니다.

　수수하고 편한 옷으로 예의를 갖춰 입고 당당한 모습으로 나가 서로에게 안부를 묻는 것, '요즘 어찌 지내느냐'는 물음에 하는 일을 자신있게 말하고 행복하게 살 수 있도록 도와준 여러분에게 고맙다고 말할 수 있는 것, 그것이 바로 세상을 끌고 가는 사람의 모습입니다.

사소한 일을 가지고도 쉽게 실천할 수 있는데, 다른 사람 손에 자기 인생을 맡기고 끌려가서야 되겠습니까?

행복의 기준

　우리를 늘 끌고 다니는 것이 무엇인지 한번 곰곰이 생각해 보십시오. 돈, 명예, 권력, 학연, 지연, 인맥, 비싼 집과 좋은 자동차, 내 뜻에 잘 따르는 가족과 내가 원하는 것들에 끌려다니지 않았습니까?
　내가 원하는 것 100개 중에 한두 개만 이루어져도 성공한 인생입니다. 그런데 우리는 90개가 이루어지기를 원하고 기도합니다. 노력하지 않고 갈구해서 얻어지길 기대한다면 그게 바로 세상에 끌려다닌 것입니다.

돈, 명예, 권력, 비싼 집과 좋은 차가 무의미한 것은 아닙니다. 편리함과 여유로움을 주는 그런 것들이 없다면 불편한 것이 사실입니다. 그러나 분명한 것은 그런 것들이 행복의 척도가 아니며 인생의 가늠자가 아니라는 사실입니다.

대부분은 부유한 사람들이 적게 가진 사람들보다 더 행복할 거라고 생각합니다. 하지만 정작 부자들의 내면을 들여다보면 그렇지 않은 경우도 많습니다.

돈이 엄청나게 많은 재벌 회장이, 명예가 드높은 유명인사가, 권력이 드세어 천하에 부러울 게 없을 듯한 고위인사가 왜 스스로 목숨을 끊었겠습니까?

사람들은 흔히 원하는 걸 갖지 못해 괴로워합니다. 나보다 많이 갖거나 크게 가진 사람을 부러워하며 속앓이를 합니다.

대한민국 현대사에서 가장 많이, 가장 크게 가졌다고 여겨지는 역대 대통령들의 과욕 때문에 우리 스스로가 부끄러움을 느껴야만 했던 때가 있었습니다. 대통령 자신은 물론이요 가족이나 친인척, 주변 인물들의 관리를 잘못해서 국가의 권위를 추락시켰고 그들 자신은 역사에 실패한 대통령, 부패한 대통령, 탐욕스러운 대통령으로 기록되는 불행을 겪었습니다. 대통령이 되지 않았다면 오히려 존경받는 정치가로 기록되었을지 모르는 이들입니다.

　지연, 학연, 인맥이 좋은 사람이 잘사는 세상이라면 이른바 일류대학 출신과 특정지역 사람들과 특정 교회나 절에 다니는 사람들은 모두 잘살아야 합니다. 그런데 결코 그렇지 않습니다. 더러 그런 덕을 보는 사람들이 없지는 않을 것입니다. 하지만 그렇게 이득을 본 사람들이 정권이 바뀌고 세상이 바뀌면 큰 고역을 치르는 경우가 허다합니다.

　생각해 보십시오. 눈여겨보시면 압니다. 역대 대통령들은 크게 누리고 많이 가졌지만 나라의 명예를 실추시킨 인물로 추락했고, 소박한 삶을 산 김수환 추기경과 성철 대선사는 우리 시대의 존경받는 인물이 되었습니다.

　일일이 열거할 수는 없지만 세상에 빛을 남기고 가신 분들이 얼마나 많으며, 지금도 세상 곳곳에서 우리를 기쁘게 해주는 사람들이 얼마나 많습니까?

　그들은 돈, 권력, 명예 따위에 연연해하지 않습니다. 지연, 학연, 인맥 따위에도 개의치 않습니다.

지난 시절을 떠올리니, 저는 37년 6개월이나 담배를 피웠습니다. 폐암의 위험이 있다거나 가족에 대한 간접적인 살인행위라는 소리를 들을 때마다 한 번쯤 끊어볼까 생각하지 않은 사람이 어디 있겠습니까.

저도 마찬가지였습니다. 원고 쓸 때는 하루에 보통 서너 갑을 피울 정도였습니다. 오죽하면 「죽는 날에도 담배를 입에 물고 죽겠다」는 수필 한 편이 지금까지 애연가 동호회 사이트에 올라 있겠습니까.

그런데 어느 한순간 탁 끊었습니다. 스승께서 던지신 말씀에 정신이 퍼뜩 들었던 것입니다.

"쥐는 쥐약인 줄 알면 먹지 않는데, 사람은 쥐약인 줄 알면서도 먹는다."

"아주 뜨거운 물잔은 얼른 내려놓으면 되는데, 붙잡고 어쩔 줄 모르니 델 수밖에 없다."

"세상을 끌고 가도 시원찮은데, 담배한테 끌려다니겠는가?"

저는 제가 스승으로 모시는 분이 운영하는 마음 수련 프로그램을 통해 37년 6개월간 쥐고 있던 뜨거운 물잔을 내려놓았습니다. 백해무익하고 남에게 피해를 주는 담배에게 끌려다니기를 거부한 것입니다.

제 목에 채워진 쓸데없는 목걸이를 훌렁 벗어던지니 정녕 자유로왔고 속박에서 벗어난 듯 기뻤습니다.

그러나 6개월 동안은 심한 금단현상으로 인해, 머리가 어찔하고 심장이 두근거리고 불면증에 시달렸으며 불안감에 사로잡히고 식욕을 잃기도 했습니다.

오죽하면 옆에서 지켜보던 가족들이 "담배를 끊어서는 안 될 사람이니 좀 줄여 피우는 수밖에 없겠다. 조마조마해서 오히려 우리가 힘들다"고 했겠습니까.

저는 아름다운 사람, 바른 일, 보탬이 되는 삶, 세상을 향한 사랑에는 끌려다닐 수 있지만 담배 따위에 끌려다니지는 말자고 결심했습니다.

저는 마지막까지 피우던 담뱃갑과 일회용 라이터를 눈에 잘 띄는 곳에 몇 년 동안 놓아두었습니다. 담배가 눈에 보여도 피우지 않아야 끊을 수 있지, 없거나 보이지 않아서 못 피우는 거라면 나중에 누군가 권했을 때 또다시 피울 수 있기 때문입니다.

제가 담배를 끊었다니까 "참 독하다"고 말하는 사람도 있었습니다. 그만큼 금연이 어렵다는 뜻이겠지요. 그러나 독극물을 삼키는 사람이 독하지 어찌 버린 사람이 독하겠습니까?

 세상은 뱃심으로 살아야 합니다. 세상에 끌려다니며 산다는 것은 바보짓입니다. 이 세상에 태어난 것은 우리의 의지가 아니지만, 헤쳐나가야 할 미래는 우리 스스로 만들어야 할 우리의 것입니다.

2장
왜 사십니까

숨을 쉬지 않고 참아보면 그제야 비로소 내가 숨 쉬고 있다는 걸 알게 됩니다. 그런데 여러분은 숨을 쉬려고 노력했습니까? 훗날 병원에 입원해서 산소호흡기를 끼고 숨을 쉴 때야 비로소 숨 쉬는 게 참으로 행복했다는 걸 알게 된다면 이미 행복을 놓친 것입니다.

당장은 죽고 싶지 않은 이유

 많은 사람들이 불교, 기독교, 가톨릭, 원불교 등 종교를 갖고 있습니다.
 그들 중 혹시 지옥에 가려고 종교를 가진 사람이 있을까요?
 누구나 천당이나 극락에 가기를 바라지, 지옥에 가기를 원하지는 않을 것입니다.
 그렇다면 지금 이 순간에 하늘에서 천사가 내려와 당신의 손을 잡고 천당이나 극락에 데려다주겠다고 하면 곧장 따라가겠습니까?

특별한 경우가 아니라면 사람들은 절대 따라가지 않겠다고 할 것입니다. 죽으면 꼭 가고 싶은 곳인데 어찌 당장은 따라나서려 하지 않을까요?

천사가 손잡고 천당이나 극락에 가자고 한다면 곧바로 떠오르는 건 어떤 것들이겠습니까?

거창하고 장엄하고 숭고하고 황홀한 것들입니까? 산다는 것은 어슷비슷하지, 유별나거나 특별하거나 엄청나지 않습니다.

당장 천사를 따라가지 않는 건 할 일이 남았고, 아직 죽을 나이가 아니며, 가족이 있고, 희망이 있으며, 지금보다 나은 미래가 있으리라고 기대하기 때문입니다.

저뿐 아니라 사람들 대부분 그렇게 생각할 것입니다.

왜 사십니까?

눈을 감고 가슴에 손을 얹고 차분히 생각해 보십시오.

힘겹고, 원하는 대로 이루어지는 일도, 마음먹은 대로 할 수 없고, 사는 게 짜증나고, 갈등이 벅차고, 피곤하고, 외롭고, 몸도 내 뜻대로 따라주지 않는 것 같고, 세상을 둘러보니 나만 못난 것 같고, 남들과 비교하니 나만 초라하고…….

그럼에도 악착같이 살아 있고 지금 당장 천사를 따라가지 않는 것은 희망이 있기 때문입니다. 오늘보다 내일이 나으리라는 가능성을 예견하기에 오늘의 고통과 힘겨움과 갈등을 견디는 것입니다. 그 희망을 풀어 말하면 '행복'이란 낱말이 됩니다.

세상이 아무리 험하고 어렵더라도 우리가 살 만한 것은 자신의 일에 열정을 바친 사람들이 많기 때문입니다.

꿀 1킬로그램을 만들려면 꽃 560만 송이가 필요하다고 합니다. 꿀벌들은 온 산하를 누비며 꿀을 모읍니다. 꽃을 찾고 꿀을 따고 먼 길을 날아와 애써 모으는 꿀벌들의 그 지난한 정성이 인간에게도 필요한 것입니다.

비행기와 배가 없으면 일본은 까마득히 멀고 먼 나라입니다. 헤엄을 쳐서는 일본까지 가기 힘들지만 비행기나 배를 타면 쉽게 갈 수 있습니다.

오늘날 우리가 타고 다니는 배와 비행기를 만들기 위해 얼마나 많은 사람들이 실패하고 좌절하고 고뇌했는지 굳이 설명하지 않아도 짐작이 갈 것입니다. 그들은 열정을 바쳐 우리에게 편리함을 선사했습니다.

열정은 자기 인생만 바꾸는 게 아니라 다른 사람들에게도 긍정적인 변화를 가져다줍니다. 세상을 바꾸며, 희망의 바이러스를 퍼뜨립니다.

먹을 것, 입을 것은 물론이고 우리가 살아가기 위해 필요한 모든 것들은 누군가가 열정을 바쳐 발명하고, 발견하고, 개발하고, 연구해서 이루어낸 것입니다.

만일 전기가 발명되지 않았다고 생각해 보십시오. 막막한 세상을 밝혀준 사람들에게 고개 숙여 감사하지 않을 수 없을 것입니다.

직장에서 일하는 이들의 열정, 학교에서 공부하는 이들의 열정, 공직에서 국민에게 봉사하는 이들의 열정, 공장에서 부지런히 손 놀리는 이들의 열정, 군대에서 나라를 지키는 이들의 열정, 가게에서 사람들의 필요를 충족시켜 주는 이들의 열정이 모아져 우리가 세상을 알맞춤하게 살아갈 수 있는 것입니다.

종신수녀원은 특별한 경우가 아니면 죽을 때까지 외출할 수 없는 곳입니다. 신입 수녀가 들어오면 원장 수녀가 그 수녀를 뒤뜰로 데려가 삽 한 자루를 주고 훗날 그가 묻힐 묏자리를 파게 합니다.

　간소하지만 진지한 이 의식에서 죽는 날까지 머물러야 하는 곳에 미리 묻힐 자리를 파두고 오직 정진하기만을 바라는 숭엄함이 느껴집니다. 성직자라 해도 평생 한곳에 갇혀 기도와 찬양만으로 생애를 바친다는 건 불가능에 가까운 인고입니다.

　젊은 수녀가 스스로 무덤자리를 파는 것은 그 순간에 이미 육신을 바친 것입니다. 이런 지고지순한 열정 때문에 젊은 수녀는 평생을 종신수녀원에서 세상과 인류를 위해 기도할 수 있는 것입니다.

열정의 놀라운 힘

　인간이 만물의 영장이 될 수 있었던 건 바로 '열정' 때문이라고 합니다. 인간의 열정은 세상을 바꾸는 놀라운 힘이 되었습니다.
　이제 우리는 말[馬]보다 훨씬 빠른 자동차를 타고 다닙니다. 비둘기 다리에 통신문을 묶어 보내던 사람들은 더 신속하게 서로의 소식을 전하기 위해 전화기를 만들었으며, 하늘을 날고 싶었던 이들은 비행기를 발명했습니다. 고래보다 훨씬 강한 힘으로 바다 속을 휘젓는 잠수함, 지구 끝까지 단숨에 달려가 세상을 한눈에 살필 수 있게 해주는 인터넷은 모두 인간의 열정으로 이루어진 것입니다. 어찌 그 놀라운 힘에서 비롯된 것들을 다 열거할 수 있겠습니까.

사막과 바다에서 원유를 뽑아내는 사람들의 열정과 너른 목화밭에서 솜을 채취하는 사람들의 열정, 그것들로 실을 뽑아 옷감을 만드는 사람들의 열정이 있기에 우리가 옷을 입고 살 수 있는 것입니다. 그래서 열정은 서로서로 보탬이 되는 것이고 기쁨을 주는 것이기도 합니다.

이집트인들의 교훈 중에 사람이 죽어 신에게 불려가면 천국에 갈지 지옥에 갈지 결정하는 질문 두 마디가 있다고 합니다.

인생에서 기쁨을 찾았는가?
남에게 기쁨을 주었는가?

스스로 기쁘고 또한 남을 기쁘게 하는 방법이 무엇이겠습니까? 보람 있게 살고 세상에 보탬이 되도록 열정을 바치는 것입니다. 열정은 곧 창의력이고 지혜이며 기쁨이자 보람이고 희망입니다.

어느 기업 광고에 인생을 80년 산다면 26년 잠자고 21년 일하고 9년 먹고 마시지만, 웃는 시간은 겨우 20일뿐이라고 했습니다. 다른 조사에 따르면 화내는 데 5년, 기다리는 데 3년을 소비한다고 합니다.

기쁨의 시간이 곧 웃는 시간일 텐데 팔십 평생 겨우 20일 정도만 기뻐하는 건 자신의 존재가치를 너무 낮게 취급하는 것과 다를 바 없습니다.

화내는 시간을 반쯤 뚝 잘라 웃을 수 있다면 얼마나 좋을까요? 하루 15초만 웃어도 수명을 이틀이나 연장할 수 있다고 합니다. 그것도 건강하게 말입니다. 여기서 중요한 것은 수명 연장이 아니라 팔십 평생을 재미있고 건강하게 살 수 있다는 사실입니다.

기쁨은 바로 행복입니다.

행복은 누가 만들어줄까요?

바로 우리 자신입니다. 사랑하는 사람이 옆에 있어도 내 마음이 열리지 않으면 잠시 기쁠 뿐입니다. 재산이 많고 권세가 높고 명예가 커도 기쁘고 행복하지 않은 것은 행복의 제조자인

자신이 기쁨을 느끼지 못하기 때문입니다.

　나이 든 어른들이 세월이 빠르고 인생이 덧없다고 말하는 것을 유심히 새겨들어야 합니다. 나이 든 게 아쉬워서 그렇다고 생각하기 쉬운데 사실은 인생이 기쁘지 않았다는 뜻입니다.

　중국 고전에 '인생이란 백마가 달리는 것을 문틈으로 내다보는 것처럼 삽시에 지나간다'는 표현이 있습니다. 젊어서는 인생이 꽤 길게 느껴지지만, 나이 들면 화살처럼 달리는 백마를 문틈으로 얼핏 본 것처럼 인생이 정말 빠르다는 것을 깨닫게 됩니다.

　아무리 몸부림쳐도 나이를 먹지 않을 수는 없습니다. 그런데 사람들은 세월이 기다려줄 거라는 착각에 쉽게 빠지곤 합니다.

　세월을 붙잡고 더디 가게 할 수 있는 사람은 오직 자신뿐입니다. 즐겁게 사는 것이 세월을 더디 가게 하는 묘책입니다.

　인생은 정말로 한 번밖에 살지 못합니다. 두 번 살 수 없습니다. 두 번 살 수만 있다면 한 번은 연습처럼 살겠지만 한 번밖에 살 수 없으니 살아 있는 동안 참으로 행복하게 살아야 합니다.

　나 자신이 소중하기에 오늘이 생애 최고의 날인 듯 최선을 다해 살고 지금이 생애 최고의 순간인 듯 행복해야 합니다.

　세상을 한 번 둘러보십시오. 나만큼 소중한 사람이 있습니까? 나는 우주에서 오직 하나뿐인 존귀한 사람입니다. 그 사실을 인정하면 기쁘게 웃을 수 있지만 스스로 보잘것없다고 여기면 세상에 즐겁고 기쁜 일이 없을 수밖에 없습니다.

> 행복은 누리고 불행은 버리는 것입니다.
> 소망은 좇는 것이고 원망은 잊는 것입니다.
> 기쁨은 찾는 것이고 슬픔은 견디는 것입니다.
> 건강은 지키는 것이고 병마는 벗하는 것입니다.
> 사랑은 끓이는 것이고 미움은 삭이는 것입니다.
> 가족은 살피는 것이고 이웃은 어울리는 것입니다.
> 자유는 즐기는 것이고 속박은 날려버리는 것입니다.
> 웃음은 나를 위한 것이고 울음은 남을 위한 것입니다.

젊은 시절에는 누구나 인생에 대한 궁금증이 많게 마련입니다. 저도 중세 철학자들의 흉내를 내면서 우리 사회의 명망가들을 찾아다니며 인생에 대해 물은 적이 있습니다.

누가 보아도 인생을 진지하게 산 어른들은 대부분 '호방하게 살라'고 했습니다. 정말 소문이 날 만큼 인생을 호방하게 산 어른들은 대체로 '진지하게 살라'고 충고했습니다.

저는 진지하게 사는 것과 호방하게 사는 문제를 가지고 다시 한 번 묻고 다녔습니다. 결국 얻어낸 결론은 진지함과 호방함을 함께 선택함이 현명하다는 사실이었습니다.

인생을 진지하고 호방하게 사는 것은 사람답게 사는 지혜입니다.

날마다 일어나는 기적

코를 꼭 쥐고 입을 열지 않은 채 얼마쯤 숨을 쉬지 않을 수 있는지 참아보십시오. 30초를 넘기기가 쉽지 않습니다.

숨을 쉬지 않고 참아보면 그제야 비로소 내가 숨 쉬고 있다는 걸 알게 됩니다. 그런데 여러분은 숨을 쉬려고 노력했습니까?

훗날 병원에 입원해서 산소호흡기를 끼고 숨을 쉴 때야 비로소 숨 쉬는 게 참으로 행복했다는 걸 알게 된다면 이미 행복을 놓친 것입니다.

뛰는 맥박을 손가락 끝으로 느껴보십시오. 심장의 박동으로 온

몸 구석구석 실핏줄 끝까지 피가 돌고 있다는 증거입니다. 그런데도 우리는 날마다 무수히 신비롭게 박동하고 있는 심장을 고마워했습니까?

우리는 날마다 기적을 일구고 있습니다. 심장이 멈추지 않고 숨이 끊기지 않는 기적을 매일매일 일으키고 있는 것입니다.

이제부터는 아침에 눈을 뜨면 벌떡 일어나지 말고 20초 정도만 자신의 가슴에 손을 얹고 읊조리듯 말하십시오.

첫째, 오늘도 살아 있게 해주어 고맙습니다.
둘째, 오늘 하루도 즐겁게 웃으며 건강하게 살겠습니다.
셋째, 오늘 하루 남을 기쁘게 하고 세상에 조금이라도 보탬이 되겠습니다.

그렇게 서너 달만 해보면 자신이 놀랍도록 긍정적으로 변했음을 발견할 것입니다. 물론 말로만 하면 자신에게 거짓말한 것과 다르지 않습니다. 가능하면 말한 대로 실행하십시오. 그러면 잔병치레도 하지 않게 됩니다. 아픈 곳에 손을 대고 읊조리면 쉽게 낫거나 통증이 약해지기도 합니다.

당신은 1년 후에 살아 있을 수 있습니까?

1년 후에 우리 모두 살아 있다면 그것이 바로 기적입니다. 그러나 반드시 살아 있어야 합니다. 살던 대로 대충, 그냥 그렇게 사는 것이 아니라 잘 웃고, 재미있게, 건강하게, 행복하게, 신나게, 세상에 보탬이 되는 사람으로 살아 있어야 합니다.

지금의 자신을 면밀히 살펴보십시오. 내 육신을 학대하지는 않았는가, 마음을 들쑤시지는 않았는가 돌아보아야 합니다.

몸이 원하는 것 이상의 음식을 먹는 것도 학대이며, 몸이 요구하는 편안함을 거부하는 것도 학대이고, 몸을 부지런히 움직이지 않는 것도 학대입니다.

다시 한 번 묻겠습니다.

왜 사십니까?

불행하기 위해, 슬퍼하기 위해, 아프기 위해, 고통스럽기 위해, 짜증내기 위해 살아서는 당연히 안 됩니다. 행복하고 즐겁게 웃고 즐기기 위해 살아야 합니다.

당신은 지금 즐겁고 행복하게 살고 있습니까? 아니면 그냥 그저 그렇게 살고 있습니까?

한 번 더 묻겠습니다. 제 말이 옳으면 고개를 끄덕이고 틀렸으면 가로저어 보십시오.

행복은 220볼트 전선에 감전된 것처럼 짜릿한 것입니까?

행복은 달나라보다 멀리 있어 다다르기에 너무 힘이 드는 것입니까?

행복은 온갖 아름답고 향기로운 꽃들을 모아놓은 것처럼 화사찬란합니까?

행복은 내가 원하는 대로 이루어지는 것입니까?

행복은 발을 구르고 손뼉을 치며 한없이 흥겨운 것입니까?

그렇지는 않다고 고개는 저었지만, 사실 속으로는 행복은 아주 짜릿하고 멀리 있으며 화사찬란하고 원하는 대로 이루어지는 것이며 기가 막히게 신나는 거라고 생각했을 것입니다.

그렇다면 또 묻겠습니다.

행복은 어디에 있습니까?

대부분 행복은 마음속에 있다고 대답하지만, 실제로는 마음 밖에서 행복을 찾고 있었습니다.

행복을 돈, 권력, 명예, 학벌, 큰 아파트, 고급 승용차, 능력 있는 가족, 공부 잘하고 말 잘 듣는 자녀 등 대체로 남들이 부러워하는 것들에서 찾으려고 했습니다. 심지어 몸무게나 허리듬레 때문에 행복하지 않다고 생각하기도 합니다.

행복은 정말 어디에 있을까요?

행복은 내 가슴에, 내 영혼에, 오늘에, 지금 바로 내 옆에 가까이 있습니다. 행복은 멀리 있거나 황홀하거나 아름답거나 짜릿한 게 아닙니다. 그런데 우리는 늘 착각하며 살고 있습니다.

행복은 지금 내 마음에 있습니다.

아침에 눈을 떴을 때, 숨을 쉬면서 그것을 행복이라고 생각했습니까? 행복이라고 생각하지 않습니다. 다른 사람들도 다 숨 쉬며 살고 있으니까요.

당신이 지금 죽었다고 생각해 보십시오. 천국으로 가면서 당신은 무엇을 가져갈까요? 따라와줄 사람이 있을까요? 과연 가져갈 수 있는 게 있을까요? 가져갈 수 없는 건 내 것이 아닙니다. 내가 살아 있는 동안만 사용하고 돌려줘야 할 것들입니다.

사람들은 평균 수명만 믿고 자신이 80세까지는 살 것이라고 생각하는데, 크나큰 오산입니다. 그때까지 살 수 있다고 보장할 수 있는 사람은 아무도 없습니다. 80세 전에 생을 마감하는 사람도 셀 수 없이 많습니다. 내 인생이 언제 끝날지는 알 수 없는 것입니다.
 그래서 살아 있는 동안에 행복해야 합니다.

3장
인생의 주인은 누구입니까

자존심은 스스로를 존귀하게 여기며 나 아닌 모든 것도 귀하게 여기고 행하는 것입니다. 나만 귀하다고 여기는 생각과 행실인 자만심과는 완연히 다릅니다. 사랑, 용서, 베풂, 희망이 모이면 곧 자존심이 됩니다. 그러므로 가장 사람다운 정신이 자존심입니다.

깨어 있는 영혼

내 인생은 누구의 것입니까?

이런 질문을 받는다면 당신은 뭐라고 답하겠습니까? 당연히 내 것이어야 함에도 불구하고 다른 사람에게 얽매여 살지는 않았는가 생각해 봐야 합니다.

자전거를 처음 탈 때를 생각해 보십시오. 자전거는 바퀴가 두 개뿐이어서 저 홀로 설 수 없고 페달을 돌려야만 넘어지지 않습니다. 누군가 뒤에서 잡아주면 넘어지지 않고 달릴 수 있고 뒤를 잡아주던 사람이 손을 놓아도 놓은 줄 모르면 한참을 달릴 수 있습니다. 그러다가 혼자 달린다는 걸 아는 순간 놀라 넘어지게 됩니다.

다치는 게 두려워 계속 의지한다면 그 사람은 결코 자전거를 탈 수 없습니다.

인생도 마찬가지입니다. 영혼과 육신의 두 바퀴를 굴리며 저 너른 세상을 달려가려면 자기 인생은 자신이 조종하는 수밖에 없습니다.

자전거가 넘어지지 않으려면 쓰러지는 쪽으로 핸들을 적절히 돌려야 균형을 잡을 수 있습니다. 많이 돌려서도 적게 돌려서도 안 됩니다. 자신의 몸과 자전거가 균형을 유지할 만큼만 돌려야 합니다.

인생 또한 그렇습니다. 힘들 때는 힘든 쪽으로 집중하고, 고통스러울 때 고통스러운 쪽을 살피고, 사랑할 때는 상대에게 최선을 다하고, 시험 볼 때는 공부에 치중하고, 병들었을 때는 치료에 정성을 다하고, 갈등에 싸였을 때는 얽힌 타래를 풀기 위해 정신을 가다듬어야 합니다.

개인의 자존심이 높아지면 좌우가 두루 편안해집니다. 민족과 국가의 자존심이 높아지면 인류애가 두루 통용되어 세상이 평화로워집니다. 우리의 자존심을 드높이자는 것은 결국 내 영혼을 흔들어 깨워서 나와 이웃과 세상이 화평하고 서로 보탬이 되자는 뜻입니다.

한국 사람들은 동남아 지역으로 여행을 가면 그 나라 말을 몰라도 큰소리를 칩니다. 음식점이나 가게에 들어가서 "어이, 이거 빨리 가져와", "이거 얼마야?"라고 우리말로 묻기 일쑤입니다. 그러나 미국이나 유럽에 가면 주는 대로 먹거나 눈치를 보는 경우가 많습니다.

동남아에 가서는 우리가 더 잘산다는 자부심에 기가 살지만, 선진국에 가서는 언어와 생김새에서부터 주눅이 들어버리는 것입니다. 동남아에서는 내가 너희보다 우월하다는 자존심에서 그렇게 당당하고, 서양에서는 내가 그들보다 못하다는 열등감에 자신감이 없어지는 것입니다.

자존심은 스스로 존엄하다는 걸 인정하고, 자신이 존귀하듯 나 아닌 다른 모든 것도 소중하게 여기는 것입니다. 자신만을 소중하다고 여기는 것은 자만심입니다.

　길을 가다가 외국인이 말을 시키려고 다가오자 얼른 쇼윈도를 향해 돌아서서 피하는 학생에게 제가 말했습니다.
　"미국에 가서 영어를 못 해 길을 헤맨다고 미국 정부를 탓할 수 있겠느냐, 미국 사람을 탓할 수 있겠느냐? 피하면 안 된다. 영어를 열심히 배워서 길을 잘 일러줄 수 있다면 좋겠지만 외국인에게 활짝 웃으며 '야! 한국말 좀 배워라'라고 말할 뱃심이 있어야 한다."
　미국인들은 한국말을 몰라도 기죽지 않는데 우리는 왜 영어 못 하는 걸 부끄럽게 여길까요? 주눅이 들었고 역사를 잘못 배웠기 때문입니다. 그리고 중국, 일본, 미국으로 인해 아픔을 경험한 일이 있었기 때문입니다. 이제 그 기억을 딛고 일어서야 합니다.

중국에 예속되거나 일본에 강점당할 만큼 우리 민족이 보잘 것없다고 말하는 학자에게 제가 물었습니다.

"지구의 중심은 어디입니까?"

그는 대답하지 못했습니다.

"지구의 중심은 박사님이 서 있는 바로 그 자리입니다."

지구는 둥글기 때문에 내가 서 있는 바로 이 자리가 지구의 중심입니다.

여러분에게도 묻겠습니다. 지구의 중심은 어디입니까? 땅이 넓은 중국입니까, 아니면 미국이겠습니까? 선진 강대국들의 땅이 중심입니까? 자신이 서 있는 곳, 바로 자신의 발밑이 지구의 중심이라고 생각하는 사람이야말로 영혼이 깨어있는 자입니다.

그렇다면 세상의 중심은 누구입니까?

바로 당신이어야 합니다.

당신 스스로 세상의 주인이 되어야 합니다. 그 자존심이 곧 당신의 영혼입니다. 자존심에 상처가 생기고 일그러지면 주눅이 들 수밖에 없습니다. 주눅이 들었다는 것은 영혼이 누워 있는 것과 다르지 않습니다.

　누구든 당신의 영혼에 누워 있으라 한 적 없고 주눅 든 채 살라고 명한 적 없습니다. 당신 스스로 주눅이 들고 누워버렸을 뿐입니다.

　그렇기 때문에 당신은 벌떡 일어서야 합니다. 영혼을 들쑤셔 깨워야 합니다. 초롱초롱한 영혼으로 천하를 살펴보는 큰 가슴을 가져야 합니다.

　자존심은 스스로를 존귀하게 여기며 나 아닌 모든 것도 귀하게 여기고 행하는 것입니다. 나만 귀하다고 여기는 생각과 행실인 자만심과는 완연히 다릅니다.

　사랑, 용서, 베풂, 희망이 모이면 곧 자존심이 됩니다. 그러므로 가장 사람다운 정신이 자존심입니다.

　전쟁 중에 총탄을 맞아 오른팔을 다친 사병이 병원에서 팔을 자르게 되었습니다. 수술 전에 군의관이 "안타깝게도 팔을 잃게 되었소"라고 말하자, 사병은 "잃은 게 아니라 조국에 바쳤습니다"라고 했습니다.

　아무리 애걸복걸하며 몸부림쳐도 자른 팔을 되찾을 수는 없습니다. 당당히 조국을 위해 바쳤다고 생각하는 정신은 참으로 아름다운 자존심입니다.

미국 인구 가운데 유대인은 2.1퍼센트밖에 되지 않습니다. 그런데 2007년 미국 잡지 《배너티 페어(*Vanity Fair*)》가 선정한 미국의 파워엘리트 100명 중에 무려 51명이 유대인인 것으로 밝혀졌습니다. 또한 미국 고위 공직자의 15퍼센트, 주요 대학 교수의 20퍼센트, 핵심 언론인의 25퍼센트, 하버드대학교 재학생의 30퍼센트, 뉴욕의 법률자문가의 40퍼센트가 유대인이라고 합니다. 그뿐만이 아닙니다. 미국 국적으로 노벨상을 받은 사람의 70퍼센트, 세계 억만장자의 3분의 1이 유대인이라고 합니다.

유대인은 멸망하여 흩어졌다가 2천 년 뒤 옛 조상이 살던 땅에 이스라엘을 건국했습니다. 세계 인구의 불과 0.2퍼센트밖에 되지 않는 유대인이 세계경제를 좌지우지하는 까닭을 전문가들이 분석했다고 합니다.

첫째, 스스로 하늘의 자손이라는 자존심(선민의식)을 가졌고

둘째, 역사(구약성서)를 매우 소중히 여겼으며

셋째, 언어(히브리어)와 문화를 버리지 않았고

넷째, 민족의 핏줄을 귀하게 여기는 민족애(수천 년 동안 단

한 방울의 피만 섞여도 유대인으로 규정) 때문이라고 합니다.

 민족이 깨어 있기에 2천 년 후에 나라를 일으켜세웠고, 높은 자존심을 지켰기에 세상을 주무르는 기상을 키웠던 것입니다.

색안경 낀 사람들의 세상

　누군가 "너는 참 못생겼다"라고 반복해서 말하면, 멀쩡한 사람도 거울을 보며 스스로 못생겼다고 생각하게 됩니다.
　"전에는 참 싱싱했는데 세월은 속일 수 없나 봅니다. 많이 늙으셨네요"라는 말을 듣는 경우가 더러 있습니다. 그런 날 거울을 보면 정말 제가 늙어 보입니다. 20년 전에 저를 보았던 사람의 말이니 당연한데도 말입니다.
　반대로 누군가로부터 "여전히 팽팽하시네요. 어쩜 그리도 나이를 먹지 않습니까?"라는 말을 들은 날 거울을 보면 정말 얼굴이 팽팽합니다.

　역사에 대해 주눅이 들면 그 민족은 강대국들에게 열등감을 느끼게 되고 스스로 못났다고 생각하기 쉽습니다.

　색안경을 쓰고 보면 세상이 검거나 푸르거나 붉을 수밖에 없습니다. 진정한 세상을 보려면 색안경을 벗어던지는 용기가 필요합니다.

　당나라는 우리 역사를 자기들 입맛대로 조작하고 왜곡했습니다.

　예를 들어 남자 A와 여자 B가 사귀었는데, A가 성질이 고약하고 남자답지도 못하며 인간성이 나빠 B가 '너는 참 나쁜 인간이니 헤어지자'는 편지를 보냈다고 가정해 보십시오.

　남자는 당연히 여자가 보낸 편지를 태워 없애고는 자신의 일기장에 B가 성질 사납고 욕심 많고 미련하며 어리석다고 적었을 것입니다.

　그리고 A와 B가 죽은 뒤 몇 백 년이 지나 누군가 A의 일기장을 읽는다면 과연 누가 나쁜 사람이라고 생각하겠습니까? 당연히 B가 나쁜 여자로 둔갑할 수밖에 없습니다.

우리 역사도 그런 식으로 조작된 것입니다. 백제, 고구려, 발해, 신라가 멸망하고 몇 백 년이 지난 고려시대에 『삼국사기(三國史記)』를 쓴 김부식, 『삼국유사(三國遺事)』를 쓴 일연을 비롯한 중국을 섬기는 모화(慕華) 선비들이 『단기고사(檀奇古史)』와 『삼국사(三國史)』 등 119권을 다섯 권으로 축소하며 우리 민족의 영광된 사실은 지워버리고 중화에 예속될 만한 문구만 추려내어 우리 역사를 좋지 않게 기록한 것입니다.

어릴 적에 '우리 민족은 천성이 착해서 다른 나라를 한 번도 쳐들어간 적이 없고 무수히 공격만 받았다'고 배웠습니다.

한마디로 거짓말입니다. 중국 세력에 따르고 복종하며 안전을 유지하기 위해 '중국은 위대하고 우리는 보잘것없다'고 주장하던 모화 선비들과 일제에 빌붙어 일생의 안위를 도모하고 민족을 경멸한 친일 세력들이 조작한 역사를 우리가 사실로 받아들였던 것입니다.

우리 역사책에는 단 한 줄도 없는데 중국 역사책 수십 권에는 발해가 당나라를 거침없이 침공한 사실이 상세하게 기록되어 있으며, 고조선 때는 중화에 쳐들어가거나 중화를 지배했다고 기록되어 있습니다.

중국 한나라 때의 저명한 사가로 『사기(史記)』를 저술한 사마천(司馬遷)을 모두 아실 겁니다. 그런 그가 생식기를 잘리는 궁형(宮刑)을 당한 것은 고조선이 무수히 중화를 침공했다는 사실을 기록했기 때문입니다.

중국은 예부터 현재에 이르기까지 변치 않는 역사관이 두 가지 있습니다. 그것은 중국이 온 세상에서 오로지 중심이라는 중화사상(中華思想)과 중국은 위대하고 변방족은 모두 어리석고 못났다는 화이사관(華夷史觀)입니다. 그런데 사마천이 중국의 부끄러움을 기록하였으니 궁형에까지 처한 것입니다. 지금도 중국에서는 그 원칙을 벗어나면 징벌을 당합니다.

백제와 고구려를 멸망시킬 때 당나라 장수들이 황제에게 이렇게 진언했습니다.

"백제와 고구려는 완악하고 굴종할 줄 모르며 정복해도 반드시 부흥하는 민족이니 모든 국서고(國書庫)를 불태워 없애고 남자는 다 죽이고 여자는 모두 군사들에게 나누어주시옵소서."

이에 당나라 황제는 칙지를 내립니다.

"너희 생각이 짐의 뜻과 같도다. 실행하라."

그리하여 백제와 고구려의 역사를 모두 태워 없애고 남자는 닥치는 대로 죽이고 여자는 눈에 띄는 대로 당나라 군사들의 노리개로 나누어주었습니다. 그것도 모자라 다시는 나라를 일으켜세우지 못하게 하려고 고구려에서만 임금을 비롯한 대소신료와 백성들을 무려 38,300호(戶), 20여 만 명을 당나라로 압송했습니다. 당시 고구려 인구를 대략 300만 명쯤으로 추산했으니 당나라가 고구려를 얼마나 두려워했는지 짐작할 수 있습니다.

  백제 및 고구려 유민들과 신라는 힘을 합하여 당나라 군사를 저 멀리 북방의 신성(新城, 지금의 봉천(奉天))까지 쫓아내었고, 고구려 멸망 후 30년 만에 건국된 발해는 옛 고구려 땅을 되찾고 말갈, 흑수, 해, 습, 돌궐 지경까지 정복하여 사방 5천리(당시에는 10리가 5.6킬로미터 정도였음)를 통치하며 당시 최강대국 당나라와 당당하게 맞겨루었습니다.

  해외여행을 가면 많은 사람들이 그 나라의 문화와 우리 것을 비교하곤 합니다. 우리는 별로 내세울 만한 것이 없고 볼거리도 많지 않으며 화려하지도 장엄하지도 않다고 공연히 위축되거나 열등감에 빠지기도 합니다.

중국은 문화와 영토에 관한 한 블랙홀 같은 나라입니다. 그동안 주변 영토의 흡수·합병과 문화침입을 수없이 시도했습니다.

대한민국은 그런 나라 옆에 있으면서도 정체성을 잃지 않고 고유한 문화와 전통을 지켰습니다. 그럼에도 불구하고 우리는 알게 모르게 우리 것에 대한 열등의식을 버리지 못하고 있습니다.

이런 열등감은 우리 스스로 우리 것에 대해 제대로 알지 못하는 데서 생기는 착시현상이라고 생각합니다. 정말 안타깝게도 우리는 역사를 제대로 배우지 못하고 있습니다. 중국은 동북공정에 집중하여 우리 역사를 조작하고, 일본은 임나일본부와 독도 소유권을 주장하며 없는 역사조차도 억지로 만들어내는 판인데 말입니다.

나를 알려면 내 선조와 우리 문화, 우리 역사를 바르게 알고 가슴으로 느낄 수 있어야 합니다.

우리는 선조들의 장엄하고 웅혼한 역사를 중국보다 낮으되고 어리석은 약소국의 이야기로만 알고 스스로 부끄럽게 인식해서 주눅이 들었던 것입니다.

그러나 현대에 와서 의식이 또렷하고 민족의 정기를 제대로 인식한 학자들에 의해 그 사실이 밝혀졌습니다.

종이 한 장을 주고 세계지도를 그리라고 하면 당신은 대한민국을 어디에 그리겠습니까? 당연히 중앙에 그릴 것입니다. 그러나 우리는 그동안 지도는 한가운데 그리면서 역사, 정신, 자존심, 민족의 긍지는 구석에 두고 애달파했습니다.

중국문화대학교에서 권위 있는 학자들이 중국의 고대 사서들을 분석하여 1980년에 펴낸 『중국역사지도집』을 살펴보면 발해는 사방 5천리를 다스린 대국이었음이 명증하게 드러납니다.

발해 강역은 서쪽으로는 지금의 중국 땅인 대련(大連)에서 요하(遼河)를 거슬러 올라가고, 북으로는 흑룡강(黑龍江)을 따라 러시아의 아무르 강을 지나며, 동쪽으로는 러시아 연해주의 동쪽 바다까지이고, 남쪽으로는 평양의 대동강을 경계로 해서 동해의 끝자락까지였습니다.

중국의 정사(正史)인 『구당서(舊唐書)』와 『신당서(新唐書)』를 비롯한 여러 사서에 따르면, 서기 732년에 대조영(大祚榮)의 아들 대무예(大武藝)는 직접 군사를 이끌고 요하를 건너 만리장성 근처인 마도산(馬都山)까지 쳐들어가 중국의 항복을 받아냈습니다.

뿐만 아니라 수군장수 장문휴(張文休)는 군사를 이끌고 등주(登州, 지금의 산둥반도 봉래)를 침공하여 지방장관 격인 자사(刺史) 위준(偉俊)을 죽이고 산둥반도를 평정했습니다.

이에 크게 놀란 당나라 황제 현종(玄宗) 이융기는 발해의 매서운 침공을 방어하기 위해 평로선봉 오승자를 만리장성 근처에 급파하여 남북으로 무려 400리나 되는 방어벽을 쌓게 했습니다.

그리고 화급한 나머지 인질로 와 있던 신라 태복경 김사란에게 국서를 주어 신라 성덕왕(김흥광)에게 보내 원군을 청했습니다. 그 국서에서 '짐을 도와주면 기이한 상을 내리겠소. 김유신의 손자 김윤중이 용맹하다 하니 그를 장수로 삼아주시오'라고 애원했습니다. 국서를 받은 성덕왕은 김윤중과 그의 아우 김윤문에게 발해를 공격하게 했지만 겨울 전투에서 신라 군사 반을 잃고 패퇴했습니다.

나라를 세운 지 34년 만에 당시 최강대국 당나라를 육로와 해로로 동시에 공략한 발해의 당당한 의지는 무엇이었겠습니까?

발해를 창업한 대조영의 아우 대야발(大野勃)이 서기 727년

(천통 31년)에 발해 문자로 쓴 『단기고사』 서문의 첫 문장을 살펴보면 왜 발해가 당나라를 거침없이 침공했는지 짐작할 수 있습니다.

 신이 삼가 생각하기로는, 당 장군 소정방(蘇定方, 595~667년. 백제를 침공하고 의자왕을 당나라로 압송함)과 설인귀(薛仁貴, 613~682년. 고구려를 침공하여 평양성에 설치한 안동도호부의 도호로 부임하여 신라를 침범하려다가 반격을 받아 677년에 신성으로 도호부를 옮김)가 몹시 원망스럽게 여겨지는 이유는, 백제와 고구려를 멸망시킬 때 그 국서고를 부수고 『단기고사』와 『고구려·백제사』를 전부 불태워 버렸기 때문입니다.

우리 민족의 웅혼한 기상

우리 근대사의 걸출한 선비 단재(丹齋) 신채호(申采浩)도 『단기고사』를 이렇게 평가했습니다.

저 중화인의 많은 글에는 자기만 높이고 남은 업신여기며, 동족은 찬양하고 외족은 좋지 않게 말하며, 자기 나라 외에는 모두 야만스런 오랑캐라 하였으니, 그런 서적은 아무리 많을지라도 우리 역사의 바른 자취로 참고하기는 어려우니, 정말 이 같은 일을 생각할 때 책을 덮고 통탄하지 않을 수 없도다.

중국 여행을 하다 보면 곳곳에서 고구려 지도와 발해 지도를 협소하게 그려놓은 것을 볼 수 있습니다. 뿐만 아니라 중국은 여러 해 전에 고구려 유적지를 중국문화유산으로 유네스코에 등재했습니다. 베이징올림픽이 끝나자 중국은 고구려, 발해, 부여, 고조선의 역사도 중국 역사로 조작하여 유네스코에 등록할 만반의 채비를 하고 있습니다.

  중국의 동북 3성에 널리 분포되어 있는 발해 유적은 중국이 철저히 봉쇄했거나 방치하여 훼손되는 수모를 당했습니다. 그냥 봉쇄한 것이 아니라 샅샅이 발굴하여 모든 흔적을 감추거나 지웠습니다.

  발해 개국황제 대조영이 건국한 동모산은 십수 년 전부터 봉쇄했으며 황실 묘역인 복동, 육정산은 물론이고 발해의 본거지인 상경용천부(上京龍泉府)도 남쪽 성곽 외의 유적을 봉쇄했습니다.

  또 발해의 교통로나 주요 접근로 연구에 꼭 필요한 역참(驛站)들은 쓰레기더미나 밭으로 변해 발해의 주요 역사현장이라고 믿기 힘들 지경입니다.

  현존하는 발해 자체 기록은 두 개뿐인데, 제3대 문황제(文皇帝) 대흠무(大欽茂)의 둘째공주 정혜(貞惠)와 넷째공주 정효(貞

孝)의 비문에 있는 1,500여 자입니다. 아쉽게도 두 비문의 내용은 똑같으며 시호, 나이, 묻힌 곳만 다릅니다. 거란이 발해를 침공하면서 철저히 발해 역사를 유린했기 때문입니다.

이 비문에서 역사적 고증이 될 만한 것은 발해가 제국이었다는 점, 궁중에 여자 스승이 있었다는 사실, 황실 묘역의 지명 정도뿐입니다.

중국이 발해 유적지는 물론 발해 이전의 우리 고대사 유적을 발굴한 뒤 모든 걸 비밀로 하는 까닭이 있습니다. 두 공주의 비문을 생각없이 공개하는 바람에 발해가 황제국가였음이 밝혀졌기 때문입니다.

중국이 국운을 걸고 동북공정을 강행할 수밖에 없는 데는 속사정이 있습니다.

중국은 오래전부터 중국문명의 시원은 황하문명이며, 요하문명은 동이(東夷, 고조선)의 시원으로 보잘것없고 어리석다고 줄기차게 주장했습니다. 그런데 불과 몇 년 전에 중국은 역사 교과서를 바꿀 수밖에 없었습니다.

황하문명보다 무려 1천 년이나 앞선, 세계 고고학계를 놀라게 한 요하 신석기문명이 발견된 것입니다.

 요하에서 발굴된 골각(骨刻)문자가 세월이 흘러 갑골(甲骨)문자가 되었고 갑골문자가 발전하여 한자(漢字)가 되었다는 것은 상식에 속합니다. 최근에 산둥반도에서 발굴된 골각문자도 중국의 양심적인 학자들이 동이족의 문자였다고 공개하여 중국이 충격을 받았습니다.

 중국문명의 시원이라고 주장했던 황하유역의 앙소문화(仰韶文化, 기원전 약 4500년), 장강 하류의 하모도문화(河姆渡文化)가 요하문화에서 시작되었다는 데 놀란 중국은 요하에서 발견한 예·맥족을 비롯한 단군조선, 고구려, 발해를 모두 중국 황제의 후손으로 조작하고 중국의 방계역사로 둔갑시켜 역사교과서를 고쳐버렸습니다.

 중국은 역사상 가장 위대한 유산으로 한자를 내세웁니다. 한자 창제에 대한 여러 학설이 있지만 현재까지 가장 유력한 것은 삼황오제(三皇五帝) 가운데 한 사람인 태호(太昊) 복희씨(伏羲氏)가 창제했다는 설과 황제(黃帝) 헌원씨(軒轅氏)의 사관인 창힐(蒼詰)이 창제했다는 설입니다.

 복희씨는 환웅 천황 5대 자손 태우의(太虞儀) 환웅의 막내아들로 신시(神市)에서 태어나 우사(雨師)의 자리를 세습했고, 창힐은 고신(高辛)과 더불어 치우씨(蚩尤氏)의 후예로 대극성(大棘城)에서 태어나 이리저리 옮겨 살았다고 『환단고기(桓檀古記)』의 「태백일사(太白逸史)」 중 '신시본기(神市本紀)'에 기록되어 있습니다.

환웅 천황은 우리 민족의 시조이고, 치우 역시 우리의 선조가 분명합니다. 결국 중국이 그리도 자랑하는 한자를 우리 선조들이 창제했다는 근거가 표출된 것입니다.

그러니 어찌 중국이 동북공정을 강행하여 요하문명과 우리의 고조선을 비롯하여 발해 역사까지 중국 역사로 조작하지 않고 배길 수 있겠습니까?

요즘 들어 더욱 은밀히 동북공정을 추진하는 까닭이 있습니다. 북한에 돌발상황이 발생할 때를 대비하는 것입니다.

미국 CIA 보고서는 2015년에서 2020년 사이에 북한의 붕괴 가능성을 암시하며 북한 고위급 출신의 탈북자들이 비밀리에 운영하는 망명정부를 중국이 은밀히 지원하고 있다는 놀라운 증언을 하고 있습니다.

중국은 거대한 경제블록을 통해 동북아 패권을 넘어서는 대중화(大中華) 패권을 국가전략으로 삼았습니다. 중국 내의 55개소수민족 중에 장차 독립 가능성이 많은 티베트, 위구르, 몽골, 연변조선족자치주의 의지를 미리 제압해야 합니다.

지금 대한민국은 섬나라와 같습니다. 북한이 가로막고 있기 때문입니다. 만약 북한이 중국령이 된다면 우리는 오랫동안 섬나라 신세를 면치 못하고 굴욕의 역사를 후손들에게 남겨주게 될지도 모릅니다.

중국이 얼마나 의도적으로 우리 역사를 왜곡하는지 몇 가지만 살펴보겠습니다.

첫째, 우리는 스스로 '동이(東夷)'라고 부르며 이(夷)자를 오랑캐 '이'자로 알고 있습니다. 글자 모양을 살펴보면 큰 대(大)자 안에 활 궁(弓)자가 들어간 형상이며 그 뜻은 군자(君子)를 의미하는 것이었습니다.

옛날에 군자는 첫째, 큰 활을 잘 다루어 멀리 있는 짐승과 큰 짐승을 잡아 백성들을 배불리 먹이고 적을 쓰러뜨려 백성들을 보호하고 둘째, 덕이 높아 뭇사람들을 아우르며 셋째, 학문이 깊어 천하를 두루 살피는 사람을 가리켰습니다.

그러나 중국은 우리 조상인 동이족에게 무수히 침략당한 사실을 은폐하기 위해 군자, 뿌리, 겨레의 뜻을 가지고 있던 이(夷) 자를 교묘하게 오랑캐 이로 바꾸었던 것입니다.

한자는 글자 하나에 여러 가지 뜻을 내포하기 때문에 중국에 유리한 대로 뜻을 풀이하는 경우들이 있습니다.

둘째, 중국은 '고구려'의 국호를 '고려'로 고쳐 기록하는 오만한 행위를 하고도 부끄러워하지 않았습니다. 당나라 때의 여러 사서에 '고구려'는 '고려', '고구려족'은 '고려족', '고구려영'은 '고려영'이라 기록하여, 이웃 나라의 국호까지 서슴없이 바꾸는 무례를 저질렀습니다.

셋째, 당나라가 가장 두려워한 인물은 연개소문(淵蓋蘇文)이었습니다. 고구려를 침공한 수나라가 연개소문이 이끄는 용맹한 군사들에게 쫓겨 돌아간 뒤에 멸망했고, 이어 당나라의 태종 이세민도 고구려를 침공했다가 안시성 전투에서 눈에 화살을 맞아 퇴각한 뒤에 그 후유증으로 죽었습니다. 오죽하면 당태종이 유서에서 "고려를 침략하지 말라. 사직이 위태로울 것이다"라고 했겠습니까?

중국의 역사책에 연개소문은 모두 천개소문(泉蓋蘇文)으로 성이 잘못 기록되어 있습니다. 당나라로 도망친 연개소문의 큰 아들 연남생(淵男生)이 중국 땅에서 죽었는데 지금도 남아 있는 그의 비석은 천남생(泉男生)으로 조작되어 있습니다.

넷째, 중국은 발해의 개국황제 대조영을 '고구려의 별종(別種)'이라고 주장하며 대조영이 본디 말갈 사람인데 고구려의 장군이 되어 나라를 세운 것이니 발해는 중국 역사라고 우기는 것입니다.

중국은 우리의 족보를 알지 못합니다. 고구려 왕족인 고(高)씨는 왕족이 번성하자 방계손에게 하늘의 자손을 뜻하는 대(大)씨를 하사했습니다. 그리고 고구려의 별종(別宗)이라고 칭했습니다. 발해가 거란의 야율아보기에게 처절하게 멸망한 뒤에 발해 황손인 대씨들이 고려 태조 왕건에게 귀순하자 대(大) 밑에 점을 찍어 태(太)씨를 하사했습니다.

한국의 협계 태씨(陜溪太氏) 족보를 살펴보면 태(太)씨의 조상이 대(大)씨이고 대씨의 조상이 고(高)씨임을 알 수 있습니다.

『한한대사전(漢韓大辭典)』에서 '종'자를 찾아보면 무려 134자가 있습니다. 발음이 같으나 뜻이 다르기 때문에 중국은 유리한 대로 글자를 바꿔넣을 수 있다는 걸 최대한 이용합니다. 그래서 마루 종(宗)을 씨 종(種)으로 바꾸어 우리 역사를 조작한 것입니다.

다섯째, 발해가 중국의 속국이었거나 변방정부였다는 주장입니다. 몇 가지 사실만 밝혀도 중국의 허황된 주장임을 알 수 있습니다.

발해에는 황제국가에만 존재하던 3사(三師) 3공(三公), 즉 태사(太師), 태부(太傅), 태보(太保), 태위(太尉), 사도(司徒), 사공(司公)의 제도가 있었습니다. 또한 발해가 제국에서만 사용하던 연호와 조서를 사용했다는 기록이 중국 사서에 기록되어 있습니다.

또한 당나라에는 외국 인재를 초빙하기 위해 외국인에게만 시행하던 빈공과(賓貢科)라는 과거가 있었는데, 신라의 최치원(崔致遠)이 바로 빈공과 출신이고 발해의 오소도(烏昭度), 오광찬(烏光贊), 고원고(高元固) 등 수많은 인재들이 빈공과에 급제한 기록이 중국 사서에 상세히 명시되어 있습니다.

한국, 북한은 물론 일본, 러시아의 전문가와 쟁쟁한 학자들까지도 '발해는 중국과는 별개의 독립된 제국'이라고 주장하는데 중국만 유일하게 딴소리하고 있음을 눈여겨봐야 합니다.

어느 국가든 멸망할 때는 첫째, 내분으로 나라가 어지럽고 둘째, 지도자가 혼암(昏暗, 어리석고 못나서 사리에 어두움)하며 셋째, 지도층이 호사를 많이 누리고 넷째, 민심이 이반(離反)하며 다섯째, 외침(外侵)을 받습니다.

고구려보다 몇 배나 큰 땅을 가졌고 강대했던 발해는 집안 싸움으로 백성들이 한을 품어 자존심을 잃고, 북방의 거란으로부터 침략을 받아 처절하게 멸망했습니다.

저는 대하역사소설『김홍신의 대발해』10권을 집필하면서 우리 스스로 우리의 민족혼인 발해를 버림으로써 저 광대한 고구려도 버렸고 저 웅혼한 부여와 조선과 민족의 원류인 환인, 환웅, 단군을 버리지 않았나 하는 가슴앓이를 했습니다.

우리 역사를 살펴보면 무수히 위기가 많았고 지금도 국민들이 가슴앓이를 하고 있습니다. 그럼에도 대한민국이 굳건히 지탱되는 까닭은 바로 우리 민족의 웅혼한 기백, 즉 우리 민족의 자존심에서 찾을 수 있습니다.

환인, 환웅, 단군을 거쳐 부여를 비롯하여 고구려 705년, 백제 678년, 신라 992년, 발해 229년, 고려 475년, 조선 519년이 단일민족 형태로 대국 틈에서 면면히 이어온 것은 세계사에서

보기 드문 장엄함입니다.

세상은 급변하고 있습니다. 무섭게 질주하는 강국들은 미래를 예견하고 투시하며 전후좌우를 면밀히 가늠하며 내달리고 있습니다. 대한민국이 멈칫하는 사이에 저들은 저만치 앞서 달리고 있습니다.

중국의 경제발전 속도를 미루어보면 오래지 않아 그들의 거대한 경제 블랙홀에 한국, 일본, 싱가포르, 대만은 물론 아시아 전체가 빨려들어갈지도 모릅니다. 그렇게 되면 순식간에 세계 경제가 재편되어 중국이 중심축으로 떠오를 것입니다.

블랙홀에 빨려들면 헤어나기 어렵습니다. 그래서 우리는 서둘러 대책을 세워야 합니다.

가장 시급한 대책으로 북한, 중국의 동북 3성, 러시아 연해주를 아우르는 '발해경제 블록'을 형성해야 합니다. '발해경제 블록'의 시초로 북한과의 경제협력과 화해상생 마당을 펼쳐야 합니다. 그래서 부산과 목포에서 출발한 기차가 개성과 평양을 거쳐 중국과 러시아를 지나 아프리카와 유럽으로 뻗어나가는 거시경제의 헤게모니를 모색해야만 합니다.

그러면 머지않아 여러 미래학자들의 주장처럼 대한민국은 세계 최강국의 반열에 오를 것입니다. 그러나 그것은 '우리의 조상과 역사가 위대했고 나의 존재가 매우 소중하며 우리의 가치가 존엄하다'는 자존심을 가질 때만 가능한 것입니다.

   자존심이 높은 사람은 참으로 향기롭습니다. 그런 사람 곁에 가면 절로 향내를 맡게 됩니다. 자존심은 자신의 가치를 최고로 만들어줍니다. 그런 사람은 세상에 겸손하고 천하에 당당하며 지혜롭고 사람들에게 기쁨을 줍니다.
   자존심은 자신의 품위를 스스로 높이는 마음인데, 이는 곧 자신의 존엄함을 알고 타인과 세상의 모든 것을 존엄하게 여기는 정신을 뜻합니다. 잘났다고 여기는 우월의식이나 스스로 뽐내어 자랑하는 자만심과는 전혀 다른 품위 있는 덕성입니다.
   자존심을 가진 인격체는 군자의 풍모를 지녔다 하여 어느 시대에나 존경을 받고 두루 화친하며 세상을 이롭게 했습니다.
   하물며 한 나라의 민족적 자존심이 없다면 문명대국으로 인정받기 어려울 뿐 아니라 변방의식과 사대주의에 찌들 수밖에 없습니다.
   개인의 자존심이 높아지면 인간애가 널리 펼쳐져 참자유를

구가하게 되고, 민족과 국가의 자존심이 높아지면 인류애가 멀리까지 퍼져 온 세계가 평화로워집니다.

    자존심을 드높이면 한 번뿐인 인생을 멋지게 사는 지혜를 얻게 됩니다.

4장
이 세상이 존재하는 이유는 무엇입니까

옛말에 복을 받으려면 덕을 베풀어야 한다고 했습니다. 사랑의 온도는 섭씨 100도가 넘어 자칫 델 수도 있지만 덕의 온도는 36.5도로 사람의 온기와 같다고 생각합니다. 차갑거나 뜨겁지 않아 누구라도 끌어안을 수 있고 누구에게 주어도 불편하지 않은 것입니다.

세상 모든 것과 더불어 사는 법

이 세상이 존재하는 이유는 무엇입니까?

제가 생각하기로는 바로 '더불어 사랑' 때문인 듯합니다. '더불어 사랑'은 나를 사랑하듯 나 아닌 모든 것을 사랑하고 아끼는 정신입니다. 그렇다면, 세상의 모든 것과 더불어 살아가는 게 가장 잘 사는 방법이지 않을까요?

옷감은 실이 가로세로로 얽어매어져야 제 구실을 합니다. 그렇지 않으면 그냥 실일 뿐입니다. 강한 밧줄이나 질긴 옷감을 살펴보면 재료가 서로 꼬여 있음을 알 수 있습니다.

집에서 흔히 사용하는 바느질용 실은 어린아이도 끊을 수 있습니다. 하지만 그 실을 열 겹이나 스무 겹 정도 꼬아놓으면 장정들도 끊기 어렵습니다. 백 겹쯤 꼬면 자동차도 끌 수 있을 정도가 됩니다.

건축자재 중 하나인 합판을 살펴보십시오. 톱밥과 접착제를 섞어 규격대로 찍어 말린 다음 그것들을 가로세로로 겹치면 원자재인 나무판보다 훨씬 강해집니다.

장편소설 『인간시장』으로 세속적 인기가 하늘을 찌를 듯하던 시절, 저는 제가 세상에서 제일 잘난 줄 알았습니다.

어느 날, 마음공부하는 분을 따라 산에 가기로 하였는데 그분이 제게 콩 한 되와 좁쌀 한 되를 사서 들고 오라고 하셨습니다. 산에 오르다가 호젓한 곳에 도달하자, 그분은 콩과 좁쌀을 소복하게 놓아두었습니다. 그러고는 두 손을 모은 채 배고픈 새와 짐승이 먹어주기를 기도했습니다.

그때 그분이 몸소 가르쳐준 것은 바로 '보시'였습니다. 보시란 주기만 하고 받기를 원하지 않는 것입니다. 베풂이나 봉사도 마찬가지여야 합니다.

한번은 혼자서 산에 오른 적이 있습니다. 여름 가뭄이 심했던 탓에 웬만한 약수터는 모두 물이 말랐습니다. 그날도 한적한 곳을 살피는데 허름한 차림새의 한 남성이 싸라기와 좁쌀을 흩뿌리고 있었습니다. 그러고는 배낭에서 큰 물통을 꺼내 바위의 오목한 곳에 물을 붓고 그 주변에 좁쌀을 흩어놓은 다음, 나뭇잎으로 살며시 덮었습니다.

저와 눈이 마주치자 그는 해맑게 웃으며 고개를 숙였습니다. 저도 따라 고개인사를 했습니다. 그러고는 그에게 그곳에 물을 부은 까닭을 물었습니다.

그는 곱게 웃으며 가뭄 때문에 산새들이 얼마나 목이 마르겠느냐고 대답하고는 휘적휘적 산을 내려갔습니다. 잠시 스친 인연이지만 저는 가슴이 출렁거려 그의 뒷모습에 대고 두 손을 모아 절했습니다. 다시 만난 적은 없지만 그는 제게 큰 가르침을 준 참스승이었습니다.

사람들에게 싫어하는 동물을 적어보라고 하면 대체로 뱀, 쥐, 바퀴벌레, 지렁이, 모기, 파리, 흰개미 등을 나열한다고 합니다. 사람들의 바람대로 이런 동물들이 단번에 지구에서 사라진다면 정말 편하게 살 수 있을까요?

만일 뱀이 모두 없어진다면 들쥐들이 극성을 부려 큰 피해가 생길지 모릅니다. 또한 쥐가 모두 없어진다면 생태계의 한 축이 무너져서 천적인 여우 같은 짐승이 수난을 겪게 될 것입니다. 또한 모기가 사라진다면 모기유충을 먹고 자라는 잠자리를 구경할 수 없을지도 모릅니다.

2억 년 전에 생긴 지렁이 덕분에 땅 속 공기의 양은 30퍼센트, 물 저장능력은 20퍼센트나 높아진다고 합니다. 사실상 지렁이가 땅 속의 트랙터이자 비료공장이며 다목적 댐인 셈입니다. 그리하여 우리는 나무가 내뿜는 산소를 마시며 살 수 있는 것입니다.

게다가 지렁이는 쓰레기를 먹어치워 흙을 깨끗이 해주고 분변을 내놓아 땅을 기름지게 하기 때문에 나무가 잘 자라게 하는 데도 훌륭한 역할을 합니다. 이런 지렁이가 감쪽같이 사라진다고 가정해 보십시오. 지렁이가 사라지면 인류는 오래지 않아 멸망할지도 모릅니다.

만일 해충인 흰개미가 사라진다면 어떤 일이 생길까요? 흰개미가 목재를 사정없이 갉아먹어 건물이 무너지게 되거나 우람한 나무가 갑자기 쓰러지는 일 같은 건 발생하지 않겠지만 또 다른 문제가 일어날 겁니다.

미국 에너지부 산하의 합동게놈연구소와 캘리포니아 공대 연구실은 흰개미의 내장 속에 들어있는 미생물들이 에탄올을 생산해 낸다는 것을 밝혀냈습니다. 지구 온난화의 주범이랄 수 있는 화석원료를 대신할 그린 에너지를 흰개미에게서 발견한 것입니다. 흰개미 덕분에 지구환경의 미래에 큰 희망을 걸 수 있게 되었습니다.

나무를 갉아먹은 흰개미는 수소, 메탄, 이산화탄소 등을 배출하는데, 이 과정을 에너지 효율로 따지면 무려 90퍼센트나 된다고 합니다. 더구나 흰개미가 종이 한 장을 먹고 배출하는 수소는 2리터나 되며, 이 양은 수소연료자동차를 10킬로미터나 달리게 할 수 있다고 합니다.

머지않아 획기적인 청정에너지가 등장하여 지구 파괴를 멈추게 할 수 있을지 모릅니다. 바로 해충으로 규정했던 흰개미 덕에 말입니다.

우리는 또 독감 바이러스를 비롯한 잡다한 병균들이 사라지기를 원합니다. 사람들에게 유익한 미생물만 존재했으면 좋겠다고 바랍니다. 그러나 여러 종류의 미생물들이 우리와 더불어 살고 있기에 병균과 싸워 이길 수 있는 면역력이 생기고 생명을 존속할 수 있는 것입니다. 유익한 미생물이라 하더라도 자

첫 돌연변이라도 일으킨다면 감당하기 힘든 상황이 도래할지도 모릅니다.

사람에게는 유해하지만 다른 장소에서는 오염물질을 정화하는 미생물도 많습니다. 사람에게 유익한 미생물만 있으면 좋을 것 같지만 유해한 미생물이 사라지면 지구가 멸망할지도 모를 일입니다. 그래서 세상은 모두 더불어 살아야 합니다.

하물며 사람임에랴!

경제사정이 어려운 해에 오히려 구세군 자선냄비가 더 풍성해지고 '사랑의 온도계'의 눈금이 더 높이 오르는 사연이 곧 '더불어 사랑'입니다. IMF 외환위기의 고통을 함께 나눈 금 모으기와 외화 모으기는 세계사에 유례가 없는 한국인들의 더불어 사랑이었습니다.

2007년 겨울에 태안 앞바다가 온통 시커먼 기름으로 변했습니다. 그러자 우리 국민들은 앞다투어 수건을 들고 태안으로 달려갔습니다. 그리고 불과 얼마 지나지 않아 태안은 맑은 바다로 되살아났습니다. 이번 사례 역시 세계 역사상 찾아보기 힘든 일이었기 때문에 해외언론의 관심이 쏟아졌습니다.

뿐만 아닙니다. 인도, 네팔, 스리랑카, 필리핀, 베트남 등에 가서 교육이나 의료의 혜택을 누리지 못하는 사람들을 돌보는 이들도 많습니다. 전쟁으로 치안이 불안한 나라들에 갔다가 목숨을 잃고 돌아오는 이들도 있습니다. 헌신적으로 인류애를 펼치는 사람들이 참으로 많은 것입니다.

더불어 사랑의 기본은 배고픈 이에게 밥을 주고, 아픈 이들을 치료해 주며, 배우지 못한 이들에게 배움의 길을 열어주는 것입니다.

어쨌든 이제 우리나라는 아픈 이들을 보살필 만큼 열린 사회가 되었고, 배움을 갈구하는 어린이들에게 배움터를 마련해 줄 수 있는 공간이 되었습니다.

이제 한국인들은 우리나라를 뛰어넘어 고난받는 인류를 사랑하기 시작했습니다. 얼마나 아름다운 인간의 향기인지 모릅니다. 그 정신은 바로 우리 조상들로부터 이어받은 게 분명합니다. 우리 민족은 어려울 때일수록 남을 도왔고 하찮은 존재까지도 함부로 대하지 않았습니다.

어릴 때 저희 할머니는 뜨거운 개숫물을 마당 한 켠에 버리면서 이렇게 외치곤 하셨습니다.

"얘들아, 뜨거운 물 뿌린다, 워이워이."

벌레들이 알아들을 리 없음에도 할머니는 번번이 소리내어 알렸습니다. 하찮은 벌레로만 여기지 않고 그들과도 더불어 살아야 한다고 생각한 것입니다. 저희 할머니만 그랬던 게 아니라 우리 선조들이 모두 그런 마음으로 살았을 것입니다.

인간의 향기

혹시 인간의 향기를 맡아본 적이 있습니까?

몸은 향수를 뿌리거나 향내 나는 물건을 소지하면 상대에게 좋은 향기를 느끼게 할 수 있습니다. 그러나 눈에 보이지 않는 영혼은 쉽게 향내를 맡기 어렵습니다. 영혼의 향기는 영혼으로만 맡을 수 있기 때문입니다.

내 몸에서 악취가 나면 다른 향을 느낄 수 없는 것과 마찬가지로 자신의 영혼을 깨끗이 하지 않으면 다른 영혼의 향기를 맡을 수 없습니다.

한 번 떠올려보십시오. 언젠가 누군가에게서 향기를 맡은 적이 있을 것입니다. 첫사랑일 수도 있고 짝사랑했던 그일 수도 있습니다. 아니면 상대가 행복해서 눈시울을 붉혔던 순간이거나 그의 뜨거운 사랑을 느꼈을 때일 수도 있습니다.

그러나 다시 한 번 떠올려보십시오. 진정으로 그가 향기로울 때는 언제였습니까? 인간애를 발휘하거나 어려운 이를 돕거나 고통스러워하는 누군가를 거들어주거나 아픈 이를 지극히 보살필 때이지 않았습니까?

자비는 다른 이의 고통을 해결해 주려는 심성이고, 자애는 다른 이를 기쁘게 해주는 것이라고 합니다. 어머니가 아이에게 젖을 물리는 건 자애이고, 아픈 이를 조건 없이 보살피는 건 자비입니다. 바로 자애와 자비를 행하는 사람에게서 나는 향기가 가장 크게 느낄 수 있고 가장 멀리 퍼져나가는 것입니다.

산을 좋아하는 제가 겨울에 깜빡하고 아이젠 없이 청계산을 오른 적이 있었습니다. 지팡이에 의지해서 조심조심 오르기는 했지만 내려갈 때는 아찔할 수밖에 없었습니다. 그때 낯익은

한 젊은 변호사가 저를 반기더니 얼른 배낭을 열고 아이젠을 꺼내주었습니다.

그도 산을 좋아해 자주 다니는데 더러 빙판길에 아이젠이 없어 다치거나 고생하는 사람들이 있어 겨울 등반길엔 아예 아이젠 한 벌을 여벌로 가져온다고 했습니다.

세월이 한참 흐른 뒤에 우연찮게 등산로에서 그와 다시 마주쳤습니다. 이번에는 떼를 쓰다시피 해서 그를 집으로 데려와 소찬이지만 저녁식사를 대접하며 그때의 아이젠 이야기를 꺼냈습니다. 그는 여전히 그 시절처럼 겨울 산행에 아이젠을 여벌로 챙긴다고 했습니다.

소박하지만 아름다운 배려를 가르쳐준 그에게서 저는 인간의 향기를 느끼지 않을 수 없었습니다.

꽃이 아무리 어여뻐도 질 때는 추하게 마련입니다. 그러나 사람은 질 때가 훨씬 아름다울 수 있습니다. 아름답게 지는 사람의 특성은 곧 사랑과 베풂입니다. '사람답다'는 말은 배려, 사랑, 용서, 베풂을 뜻합니다.

수천 년이 지나도 인류가 끝없이 존경하는 부처와 예수의 일생은 재론할 필요 없이 사랑과 용서와 베풂이었습니다.

인류 역사상 존경받는 위대한 인물들의 특징은 바로 인간을 지극히 사랑하고 베풀었다는 점입니다. 물론 그런 사람들이 모두 역사에 기록되거나 널리 알려지는 건 아닙니다. 소수의 사람들만 알거나 쉽게 잊히는 일도 허다합니다.

하지만 그들이 이 세상에 뿌린 사랑과 베풂은 민들레 씨앗처럼 사방으로 흩날려 세상을 평화롭고 행복하게 만듭니다. 그래서 세상은 아무리 복잡다단해도, 각박하고 험해도, 갈등의 골이 깊고 혼탁해도, 경쟁이 지나쳐 곳곳에서 싸움이 그치지 않아도 살 만한 것입니다.

사랑과 베풂은 단순히 주는 것만을 뜻하지 않습니다. 결코 주는 이가 손해 보는 것이 아닙니다. 주는 이와 받는 이가 함께 누리는 것입니다. 어쩌면 받는 이가 있어 주는 이가 더욱 행복에 겹고 기쁨이 충만해지는 것인지 모릅니다.

베풀고 싶어도 받는 사람이 없다면 얼마나 답답하겠습니까? 이성을 사랑하고 싶은데 무인도에 갇혀 있다면 얼마나 안타깝겠습니까? 상대가 가까이에 있어 사랑하고 베풀 수 있다면 그것이야말로 크나큰 행복입니다. 그렇기에 사랑과 베풂은 나와 상대가 함께 누리는 행복의 운동장입니다.

복은 받는 것이고 덕은 베푸는 것이라고 합니다. 베풂의 진정한 의미는 조건 없이 아낌없이 주는 것입니다. 보상을 바라거나 고맙다는 말을 기대하는 것은 덕을 베푸는 게 아니라 '거래'와 다를 바 없습니다.

   옛말에 복을 받으려면 덕을 베풀어야 한다고 했습니다. 사랑의 온도는 섭씨 100도가 넘어 자칫 델 수도 있지만 덕의 온도는 36.5도로 사람의 온기와 같다고 생각합니다. 차갑거나 뜨겁지 않아 누구라도 끌어안을 수 있고 누구에게 주어도 불편하지 않은 것입니다.

김수환 추기경이 남기고 간 사랑

 인류에게 빛이 된 분들은 하나같이 덕을 아낌없이 베풀었습니다. 부처와 예수의 행적을 살펴보면 잘 알 수 있습니다.
 사람들은 덕을 베푸는 일을 어렵게 생각합니다. 돈이나 물건을 주어 상대가 원하는 대로 해결해 주는 것을 베풂으로 인식하기 쉽습니다. 예수와 부처가 돈과 물건을 베풀었다면 수천 년을 이어오며 인류의 존경을 받을 수 있었겠습니까?

저는 몇 해 전부터 강연에서, 언젠가 김수환 추기경이 선종하시면 신문, 방송, 인터넷은 온통 추모의 장면으로 가득 찰 것이고, 추모행렬이 오랫동안 이어질 것이며 나라 전체가 사랑과 감동으로 출렁거리게 될 거라고 말하곤 했습니다.

이 글을 쓰는 사이에 김수환 추기경이 선종하셨습니다. 저는 신문에 추모사를 쓰고, 방송에서 추기경과의 인연을 말하고 그분의 삶을 조명하기도 했습니다.

한참 전에 성철 대선사가 열반하셨을 때, 제가 그분의 추모 특집 텔레비전 프로그램을 진행했는데 온 나라가 추모의 물결로 뒤덮인 듯했습니다.

그분이 우리 곁을 떠나자 우리 모두 한마음이 된 이유가 무엇입니까? 바로 그분의 삶이 우리의 가슴을 뒤흔들었기 때문입니다.

김수환 추기경이 선종하시자 추모의 물결은 한국사회를 출렁거리게 했습니다. 추기경이 남긴 용서와 사랑과 베풂 덕분에 참으로 오랫동안 훈훈했습니다.

"머리와 입으로 하는 사랑에는 향기가 없다. 진정한 사랑은 이해, 포용, 자기 낮춤이 선행된다. 사랑이 머리에서 가슴으로 내려오는 데 70년이 걸렸다."

추기경의 이 말씀이 아직도 제 가슴에 불덩어리처럼 남아 있습니다.

베풂은 바이러스처럼 잘 번지는 특성이 있습니다. 한 사람이 베푸는 것을 보면 두 사람이 따라 베풀고 두 사람이 베풀면 네 사람이 따라 베풀고…… 그래서 오래잖아 사방으로 번져나갑니다.

신망 높은 최고위 성직자가 예수의 오병이어(五餠二魚)의 기적을 베풂으로 해석한 적이 있습니다. 예수가 빵 다섯 개와 물고기 두 마리로 수천 명의 사람들을 배불리 먹였다는 이야기를, 예수가 빵과 물고기를 내놓자 그 자리에 모인 사람들도 가져온 음식을 기꺼이 펼쳐놓아 모두 나누어 먹었을 것이라고 변주한 것입니다.

덕은 자기 영혼의 생김새를 예측할 수 있는 거울이자 계량기입니다. 베풂은 자비심뿐 아니라 자신을 어여쁘게 만드는 기술입니다.

나이 들수록 품격이 생기는 사람들이 있습니다. 그들은 틀림없이 덕을 풍풍히 베풀며 살아왔을 것입니다. 그래서 스스로를 잘 가꾼 표시가 나는 것입니다.

푸근한 외양에 미소 띤 얼굴, 표정이 밝은 사람들은 대부분 사람들과 잘 어울리고 칭찬을 많이 하며 인품이 좋게 마련입니다.

만약 당신이 어떤 연극에 배우로 캐스팅되었다고 가정해 보십시오. 베푸는 역할과 받기만 하는 역할 중에서는 어떤 것을 하고 싶습니까? 더구나 관객석에서 가족과 친지들이 지켜본다고 생각하면 말입니다.

대부분 베푸는 역할을 맡기를 원할 것입니다. 연극일 뿐인데도 좋은 역할을 하고 싶은데 하물며 인생에서 어찌 받기만 하는 주인공이 되겠습니까?

베풂은 너그러움이고 너그러움은 곧 자유로움입니다. 반대로 받기만을 원함은 욕심이고 욕심은 곧 구속입니다. 사람으로 태어나 누구인들 구속되기를 바라겠습니까? 베풀지 않고 받기만을 갈구하면 스스로의 영혼을 구속하는 셈이 됩니다.

2009년 정초에 미국 텍사스주 댈러스의 기독교계 사립학교

코베넌트 스쿨과 집중력이 부족한 학생들이 다니는 특수학교 댈러스아카데미간의 여고 농구경기가 있었습니다. 이때 사상 유례가 없는 100:0의 진기록이 나왔습니다. 당연히 명문 사립학교의 대승이었습니다.

하지만 코베넌트 스쿨의 카일 퀼 교장은 '명예롭지 못한 승리는 오히려 커다란 패배이며, 기독교적이지도 못하다. 경기에 임하는 자세가 진지하지 못했다'고 부끄러워했습니다.

결국 코베넌트 스쿨은 농구 감독을 해임하고, 그 학교 임원들은 특수학교에 용서를 구했습니다. 그리고 텍사스 지역 학교 연합회에 명예롭지 못한 승리 기록을 삭제해 달라고 간청했습니다.

승리는 아름다워야 합니다. 너그럽지도 않고 배려도 없이 오직 이겨야 한다는 욕심만으로 얻어낸 승리는 부끄러운 것입니다.

우리는 역사 속에서 베푼 사람들과 욕심껏 갖기만을 원한 사람들의 말로를 쉽게 분별할 수 있습니다. 세종대왕과 이순신 장군과 독립투사들은 베푼 인물들이기에 존경을 받지만, 친일파들, 역대 대통령들과 가신들은 힐난을 받습니다. 남의 것을 빼앗거나 많이 가지려고만 했기 때문입니다.

베푼 사람은 승리자가 되고 빼앗은 사람은 패자가 되는 게 세상의 이치입니다.

  더 깊이 세상을 살펴보면 부드러운 것이 강한 걸 이기고 기쁨이 슬픔을 이기고 희망이 좌절을 이기고 베풂이 욕심을 이긴다는 걸 알 수 있습니다.

5장
누구와 함께하겠습니까

홀로 가지 않으려면 지금 좌우와 앞뒤를 한번 살펴보십시오. 아니, 먼저 자신부터 살펴보십시오. 인생을 잘 살려면, 첫째 지혜로운 스승을 만나야 하고, 둘째 어려울 때 함께할 수 있는 벗을 사귀어야 하며, 셋째 다사로운 동반자를 두고, 넷째 하고 싶은 일에 열정을 바쳐야 합니다.

인생의 마중물

　인생이 힘에 부칠 때는 스스로 자신을 살피기가 참으로 쉽지 않습니다. 그래서 인생의 동반자가 필요하고 스승, 벗, 이웃, 동료를 비롯한 멘토가 있어야 합니다.
　꿈을 이룬 사람들의 성공사례를 살펴보면 혼자서 해낸 경우는 거의 없습니다. 누군가가 도왔거나 격려한 것이 대부분입니다.

'신을 연주한 천재 작곡가'라는 명성을 얻은 베토벤은 1790년 후반에 청력을 잃으면서 더욱 빛을 발하기 시작합니다. 베토벤에게는 참기 어려운 고통이었지만 이때 이후로 아름다운 걸작들이 탄생했습니다.

특히 위대한 신화라고까지 불린 9번 교향곡 〈합창〉은 청각을 상실한 상태의 베토벤이 오케스트라 지휘를 직접 하겠다고 주장하여 뜻밖의 위기에 봉착합니다.

이때 음악대학 우등생인 안나홀츠와 운명적인 만남이 이루어집니다. 청각을 잃어 오케스트라의 연주와 합창단의 노래를 들을 수 없는 베토벤을 위해 안나홀츠는 연주자 뒤에 숨어서 손짓과 표정으로 지휘를 하고 베토벤은 그녀를 눈여겨 보며 초연의 오케스트라 지휘를 대성공으로 이끌었습니다.

청력을 잃은 베토벤과 베토벤을 도운 안나홀츠가 있었기에 1824년 5월의 공연무대는 9번 교향곡 〈합창〉으로 대단원의 막을 내립니다.

베토벤은 듣지 못하지만 지휘대에 올라 자신이 작곡한 곡을 지휘를 통해 완성해 보였고, 안나홀츠는 교향곡을 완전히 자기 것으로 만들 만큼 열정적으로 음악을 사랑했습니다. 그렇게 두 사람이 최선을 다했기에 9번 교향곡 〈합창〉이 명곡으로 우리 곁에 남아 있는 것입니다.

이런 이야기를 하면, 내 인생의 멘토를 기다렸지만 오지 않았다고 한탄하는 사람이 있습니다.

그들에게 묻고 싶습니다. 왜 먼저 남에게 멘토가 되어줄 생각은 하지 못하느냐고 말입니다.

실제로 이렇게 물어보면, 능력이 없거나 학벌이 모자라거나 그만한 경제적 여유가 없거나 정신적 여유가 없었노라고 말하는 경우가 많습니다.

누군가를 지극히 아끼고 사랑하는 것, 격려하고 성원하는 것, 정성껏 기도해 주고 상대가 힘겨울 때 함께 있어주는 것 모두 멘토의 길입니다.

상수도 시설이 좋지 않던 시절에는 지하수를 끌어올려 사용하는 펌프라는 게 있었습니다. 지렛대 같은 손잡이를 위아래로 계속 움직여야만 땅 속의 물을 퍼올릴 수 있는 기구입니다.

그러나 그냥 펌프질을 하면 물을 끌어올릴 수 없습니다. 물을 한 바가지쯤 부어야 관 속에 물이 차서 지하수와 연결되고 그때 펌프질을 하면 물이 따라 올라오기 때문입니다. 그 한 바가지의 물을 마중물이라고 합니다. 손님을 '마중한다' 할 때의 바로 그 마중을 뜻하는 것입니다.

 물을 얻기 위해 한 바가지의 마중물이 필요하듯 우리 인생도 무엇인가를 원한다면 마중물을 부어야 합니다. 상수도 시설이 아무리 잘되어 있어도 수도꼭지를 틀어야 물이 나오듯 내 수고를 통해서 무엇인가를 얻어야 합니다.

 사람들은 흔히 세상이 변하고 상대가 변하기를 바랍니다. 그것도 내가 원하고 바라는 대로 변하기를 고대합니다.

 뇌과학자들의 연구에 따르면, 사람은 하루에 오만 가지 생각을 한다고 합니다. 그런데 대부분이 걱정, 근심, 불안, 화 따위이고 희망, 사랑, 기쁨은 얼마 되지 않는다고 합니다.

 내가 먼저 변하면 상대와 세상이 변하지만 상대와 세상이 변하기만을 바라면 오만 가지 생각에서 벗어날 수 없습니다. 내가 먼저 변한다는 건 바로 내가 마중물이 되는 것입니다. 나를 먼저 쏟아부으면 마실 물이 콸콸 쏟아지게 마련입니다.

 물론 혼자 힘으로 이겨낸 사람도 없지 않지만 성공한 사람의 대부분이 누군가의 도움과 조언과 충고를 받았다는 걸 떠올려 보면 인생살이에서는 남에게 도움받을 길을 늘 열어두어야 한다는 걸 알 수 있습니다.

충고와 도움은 대체로 인연으로부터 시작됩니다. 인연은 거저 얻어지는 것이 아니라 내 정성과 관심에서 비롯되는 것입니다.

돈과 지위, 명예로 쌓은 인연은 명예와 지위와 돈을 잃었을 때 사라지는 특질을 가지고 있습니다.

인연은 참으로 작은 것에서 시작됩니다. 스치는 미소 한 번으로, 상대를 칭찬하는 말 한마디로, 좋은 얼굴로 반기는 표정에서, 슬플 때 위로하고 기쁠 때 박수 쳐주는 것으로 시작되기도 합니다. 칭찬도 위로도 박수도 베풂입니다.

빨리 가려면 혼자 가라. 멀리 가려면 여럿이 가라.

이 아프리카 속담이 내포한 뜻은 한평생을 잘 살려면 더불어 살아야 한다는 것입니다. 인생은 결코 짧지 않습니다. 평균 수명대로 산다고 가정해 보아도 거의 팔십 평생을 살아야 하는데 홀로 갈 수 있겠습니까?

100미터 단거리 경기는 혼자 뛰어도 신기록을 경신할 수 있지만 42.195킬로미터를 달려야 하는 마라톤 경주는 혼자서는 신기록을 세울 수 없습니다. 여러 선수가 뭉쳐서 뛰어야 경쟁

심과 승부욕과 지지 않겠다는 의지가 촉발되어 좋은 기록이 나옵니다.

저도 언젠가 연세대학교 정문에서 여의도 둔치까지 6.1킬로미터 단축마라톤을 해본 적이 있습니다. 여럿이 뭉쳐 마포대교 근처까지는 제법 잘 달렸습니다. 그런데 물을 마시며 잠시 쉬는 틈에 일행이 저만치 앞서 달리자, 저는 기운이 빠지고 도전의식이 줄어들어 건성으로 뛰다가 걷다가 해서 겨우 결승점에 도착했습니다. 같이 뛰던 일행들보다 무려 30여 분이나 늦은 시각이었습니다.

6.1킬로미터를 뛰는데도 그러한데 하물며 팔십 평생을 어찌 혼자 갈 수 있겠습니까?

홀로 가지 않으려면 지금 좌우와 앞뒤를 한번 살펴보십시오. 아니, 먼저 자신부터 살펴보십시오.

인생을 잘 살려면, 첫째 지혜로운 스승을 만나야 하고, 둘째 어려울 때 함께할 수 있는 벗을 사귀어야 하며, 셋째 다사로운 동반자를 두고, 넷째 하고 싶은 일에 열정을 바쳐야 합니다.

세상에 널리 알려진 큰 스승을 만나려면 배움의 자세가 확고하고 모진 가르침을 따를 각오가 남달라야 합니다. 그러나 참스승은 스스로 만드는 것입니다. 유명하거나 현자로 소문난 스승이 내게도 반드시 참스승인 것은 아닙니다. 마음먹기에 따라 참스승은 도처에 있을 수 있습니다.

어린아이에게서도, 나무 한 그루, 이름 모를 풀 한 포기에서도, 인생을 배울 수 있습니다. 마음을 추스르고 보면 세상이 모두 스승이 됩니다.

공자는 자신을 포함하여 세 사람이 모이면 두 사람은 스승이라고 했습니다. 왼쪽에 있는 나쁜 사람을 보고 따라하지 않으면 그가 스승이요, 오른쪽에 있는 좋은 사람을 보고 따라할 수 있으면 그도 스승이라고 했습니다.

이는 곧 스승은 도처에 있으며 내가 찾아야 한다는 뜻입니다. 그러려면 우선 내 가슴과 생각과 영혼이 열려야 합니다. 마음이 닫히면 참스승은 결코 만날 수 없습니다.

또한 내게 참다운 벗이 있는지 세심히 살펴야 합니다.

내가 파산선고를 받고 고린전 한푼 없는 알거지가 되었다고 가정해 보십시오. 권력을 잃고 감옥에 들어갔다고 상상해 보십시오. 불치의 병으로 병상에서 옴짝달싹 못하고 누워 있다고 상상해 보십시오. 내가 어느 날 갑자기 죽었다고 생각해 보십시오.

신발을 한짝만 신고는 천하를 주유할 수 없습니다. 거친 파도가 칠 때 혼자 노를 저어서는 앞으로 나아갈 수 없습니다. 여럿이 힘을 합쳐 노를 저어야 합니다.

참다운 벗은 힘들고 어려울 때 곁을 지켜줍니다. 아플 때 쓰다듬어주고 배고플 때 밥 한술이라도 나누며 위로해 주고 외로울 때 손을 잡아줄 벗이 있어야 합니다.

알거지가 되었을 때 방 한 칸 내어주고 세끼 밥을 줄 벗이 있습니까?

감옥에 갔을 때 찾아와주고 가족을 돌봐줄 벗이 있습니까?

병이 깊어 앞이 깜깜할 때 병상을 지켜주며 남은 인생의 동반자가 되어줄 벗이 있습니까?

내가 죽었을 때 진정으로 슬퍼하고 남은 가족을 보살피며 오래오래 기도해 줄 벗이 있습니까?

참다운 벗을 만나려면 세속적 이익과 덕을 보려는 마음을 버려야 합니다. 벗의 장점을 높이 사고 존경할 수 있어야 합니다. 허물을 충고하고 따스하게 덮어주어야 합니다. 마치 연인을 대하듯 다독이며 사랑해야 합니다. 벗을 즐겁고 재미있게 해줄

줄 알아야 합니다. 벗이 필요하다고 할 때 곁에 있어줄 수 있어야 합니다.

  얼음은 차가운 물을 부으면 잘 녹지 않습니다. 뜨거운 물을 부어야 잘 녹습니다. 뜨거운 물은 사랑이고 배려이고 베풂이고 나눔이고 어울림이고 동행이고 감사이고 기쁨입니다.

  뜨거운 물이 될 수 있어야 진정한 벗을 얻습니다.

억겁의 우연 끝에 만난 사람들

한국인의 평균 수명을 감안한다면 20대 후반에 결혼해서 한 평생을 같이 산 부부는 보통 50여 년을 함께한 셈이 됩니다. 한 사람과 50여 년을 살자면 참으로 지겨울 때가 많을 수밖에 없을 것입니다.

처음에 인연 맺을 때는 참으로 좋았던 사이도 살다 보면 회한이 쌓이게 됩니다. 오죽하면 부부는 전생에 원수였을 것이라고 하겠습니까.

그렇다면 사랑하던 사람들이 왜 서로를 원수처럼 느끼는 것일까요?

면밀하게 자신의 내면을 들여다보십시오. 대부분의 부부들은 서로 절대권을 가진 듯 배우자의 생각과 행동과 가치관을 바꾸려고 합니다. 그것도 자기 편한 대로, 자기 기분에 맞추어 말입니다. 그렇게 되면 사랑을 하는 것이 아니라 종을 길들이려는 것이 됩니다.

좋은 애완견은 내가 원하는 대로 행동합니다. 애완견을 기를 때는 대소변을 잘 가리고 나에게 재롱을 부리고 내가 시키는 대로 움직이고 내 말에 절대복종하기를 바랍니다.

결혼은 사람과 사람이 한집에서 사는 것이지 애완견을 기르는 게 아닙니다. 개성이 다르고 생각이 다른 두 사람이 함께 살자면 자기주장과 욕심을 조금씩 내려놓아야만 합니다.

많고 많은 사람 중에 왜 하필 상대를 만났고 평생을 같이 살기로 작정했습니까? 그 바탕에는 사랑이 있지만 한편으로는 덕을 보려는 의도가 있었을 수도 있습니다. 그래서 사랑을 시작할 때로 돌아가는 연습을 자꾸 해야 합니다. 그때는 베풀기를 즐겼고 양보하고 배려했으며 상대의 입장과 주장에 동조하기를 주저하지 않았습니다.

더 늦기 전에 '사랑한다'고 말하고 말한 대로 사랑하십시오.

그리고, 처음처럼 행동하십시오.

 아메리카 인디언들은 말을 타고 벌판을 내달리다가 잠시 멈추어 뒤를 돌아본다고 합니다. 너무 빠르게 달리면 자신의 영혼이 따라오지 못할까 봐 잠시 멈추는 것입니다.

 혼자 편한 대로 생각하고 혼자 상대를 재단하고 마음대로 달려가면 상대가 따라올 수 없습니다. 그러니 잠시 멈추어서 상대를 살펴보십시오. 당신을 따라오는 상대가 지쳐 있음을 발견할 것입니다.

 저는 주례를 잘 서지 않는 편입니다. 고귀한 두 남녀가 한 가정을 이루는 그 존엄한 인연의 주관자가 되기 위해서 쉽지 않은 과정을 겪어야 하기 때문입니다.

 주례를 서기 전에 먼저 목욕재계하고 두 남녀를 위해 정성으로 기도합니다. 또한 주례사를 두 사람과 두 집안에 걸맞게 쓰고, 가능하면 축복의 시를 전주의 부채 명장이 만든 합죽선에 붓으로 써줍니다.

 그런저런 과정이 힘겨워서 주례 서기를 꺼리기도 하고 진정나 자신이 두 남녀의 본보기가 될 만큼 바르게 살았나를 되짚어봅니다.

그러다 마음먹고 주례를 서면 두 남녀에게 한 3년 정도는 부부싸움을 제법 해야 한다고 말합니다.

성이 다르고 성장 과정과 생각도 다르며 행동이 다를 수밖에 없음에도 누구나 결혼하면 두 사람이 같아져야 한다고 생각합니다. 그것도 내가 상대와 같아지려 하는 게 아니라 상대가 나와 같아져야 한다고 우깁니다.

연애할 때는 서로 좋은 점만 보여주려고 노력하기 때문에 잘 모르지만 한집에 살다 보면 서로의 약점이 노출될 수밖에 없습니다. 단점을 아무리 잘 감추려 해도 몇 달쯤 지나면 다 들키게 됩니다.

결혼하면 근본적인 문제는 건드리지 않으면서 짜고 싱겁게 먹는 것, 일찍 자고 늦게 일어나는 것, 부지런하고 게으른 것, 정돈을 잘하고 어질러놓는 것 따위의 사소한 일들로 다투어야 합니다. 그렇게 2, 3년쯤 지나다 보면 얼추 반반쯤 양보하게 되고 서로 참을 수 있으며 서로 무엇을 원하는지 알게 됩니다.

신혼 시절의 부부싸움은 서로 비슷해지기 위한 숙련의 과정이라 할 수 있습니다. '아름다운 투쟁'이자 '충돌의 미학'을 발굴하는 과정 말입니다.

  돌산에서 깨뜨린 돌은 칼날이나 송곳처럼 뾰족하고 날이 서 있습니다. 수만 년을 파도에 씻겨온 조약돌처럼 변하려면 돌과 돌끼리 쉼없이 부딪어야 합니다. 그러면 결국 모난 곳이 모두 닳아 구슬처럼 둥글어집니다.

  사람과 사람이 어울리고 사람과 세상이 어울려 살려면 어찌 부딪히지 않고 어찌 충돌하지 않을 수 있겠습니까?

  상대가 내 수준에, 내가 원하는 만큼, 내 생각대로 존재하기를 기대하면 갈등에서 벗어날 수 없습니다. 서로 다르다는 걸 인정하고 이해해야 합니다. 상대가 내 생각과 내 방식과 내 뜻에 따르기만을 바라면 반드시 갈등이 커질 수밖에 없습니다. 특히 가장 가까이에 있는 사람과 갈등의 골이 깊어집니다.

  한국 사람들은 일본과 중국 사람들이 밥공기를 들고 밥을 퍼먹는 걸 보고 상스럽다고 말합니다. 반면 그들은 한국 사람들이 밥공기에 고개를 숙이고 밥을 떠먹는 걸 보고 우습다고 합니다.

우리나라 쌀은 예부터 차져서 떠먹으면 그만이었기에 공기를 들고 먹을 필요가 없었습니다. 반면 일본이나 중국 쌀은 메져서 밥알이 흩어지기 때문에 사발을 들고 퍼먹었던 것입니다. 그런 차이를 서로 인정해야 평화롭게 지내고 소통할 수 있습니다.

하물며 부부나 가족처럼 늘 가까이 있는 사람들끼리 서로 다름을 인정하지 않는다면 평화가 깨어지고 소통이 막히고 갈등의 골이 깊어질 수밖에 없습니다.

제가 오래전에 쓴 「인연」이란 시 한 수를 펼쳐보겠습니다. 속삭이듯 읊조리며 처음 사랑하던 때를 떠올려보십시오.

칠석마다 옥황상제 따님이
금강산 천선대에 사뿐 내려앉아
비단결로 땅내음 맡고
올라간다 하더이다

비단결에 금강산이 다 닳으면
한 겁이 되고
그렇게 금강산 억 개가 닳으면

억겁이 되고
그제서야 사람과 사람이
만난다고 하더이다

부서진 해적선 뱃머리의 송판 한 조각
파도에 밀려다니며 세월을 읽어
관솔이 빠져나간 구멍 하나
생겼다 하더이다

천년에 한 번 숨 쉬는 거북이
깊은 바다 속에서 솟아올라
숨 한 번 마악 쉴 참에
왜 하필 거북이가 그 구멍에
머리를 내밀고 숨을 쉰단 말이오

인연이란 그렇다 하더이다

그렇게 고귀한 인연으로 만났습니다. 세상이 존재하려면 남
녀가 만나고 암술과 수술이 만나고 암컷과 수컷이 만나고 음과

양이 만나고 햇빛, 물, 강, 바다, 풀, 나무, 흙, 미생물이 얽히고 설켜 그 모든 것들이 서로 인연이 되어 어울려야 합니다.

나쁜 인연이란 없습니다

옷깃만 스쳐도 인연이란 말이 있습니다. 어느 학자의 견해처럼, 옷깃이 스치려면 두 사람이 끌어안아야 합니다. 한복의 옷깃은 턱 아래쪽의 쇄골과 흉간(胸間) 부분에 있으니 두 사람의 옷깃이 닿으려면 가볍게 껴안는 것으로는 힘듭니다.

우리 선조들에게 '인연'이란 단순히 스치는 사이가 아니라 옷깃이 맞닿을 정도의 친숙한 관계를 뜻했던 것입니다.

부부는 서로에게 가장 다사로운 동반자입니다.

부부싸움에서 이긴 것은 자랑할 일이 아닙니다. 져줄 수 있는 용기가 진정한 승리입니다. 그러고 보면 어찌 세상살이에 늘 이기기만을 바랄 수 있겠습니까?

질 때가 훨씬 많은 게 세상사입니다. 그럴 바에야 그냥 지지 말고 멋지게 져주는 지혜를 가져야 합니다.

어려서부터 부모님으로부터 수없이 듣던 '져주는 게 이기는 것이다'라는 말씀의 진정한 뜻을 이제야 알아차리게 됩니다.

이런 우스갯소리가 있습니다. 누가 이겼는지 한번 곰곰이 생각해 보십시오.

부부싸움 끝에 남편이 나가라고 소리치자 아내가 곧바로 문을 열고 나갔다가 금방 들어왔습니다. 왜 돌아왔느냐고 남편이 묻자 아내는 가장 소중한 걸 두고 가서 그렇다고 했습니다. 남편이 그게 뭐냐고 했더니, 아내가 씨익 웃으며 바로 '당신'이라고 했습니다.

또 부부싸움을 하고 남편이 이혼하자니까 아내가 위자료를 달라고 했습니다. 남편이 얼마를 줘야 하느냐니까 아내는 '당신을 달라'고 했습니다.

부부와 연인은 서로의 거울이라는 걸 알아야 합니다. 거울로 얼굴을 바라볼 때는 내 모습 그대로라고 생각합니다. 그런데 이름표를 붙이고 거울을 보면 반대로 나타난다는 걸 알 수 있습니다.

그렇습니다. 연인과 부부는 서로 달라야 정상입니다. 자란 환경도 다르고 개성도 다르며 입맛도 다릅니다. 말씨도 다르고 생각도 다릅니다. 그러나 거울 보듯 비슷해지려고 부단히 노력해야 합니다.

내가 웃으니 거울 속의 내가 웃듯, 내가 웃으면 상대가 웃고 내가 울면 상대도 웁니다. 내 손이 올라가면 상대의 손도 올라가고 내가 끌어안으려고 하면 상대도 끌어안습니다.

어느 목사님이 주례사에서 말씀하셨습니다. '사랑하기에 결혼하지 말고 사랑하기 위해 결혼해야 한다'고 말입니다.

저는 아직도 만년필로 글을 씁니다. 새 만년필로 바꾸면 손에 익숙해지기까지 상당 기간이 소요됩니다. 사랑하는 연인과 부부도 마찬가지입니다. 서로 익숙해지도록 부지런히 갈고닦아야 합니다.

인도에는 화장실이 별로 없습니다. 인도 사람들은 대소변을 더러운 것이 아니라 나쁜 것이라고 생각하여 집안에 화장실을 만들지 않습니다.

인도의 구석구석을 여행하다 보면 사람과 동물의 행동양식이 별반 다를 게 없구나 싶을 때가 있습니다. 대소변을 보는 데 장소를 가리지 않는다는 점에서 말입니다.

그러나 사람은 동물과 확연히 다릅니다.

첫째, 지극히 사랑할 줄 압니다.

둘째, 크게 용서할 줄 압니다.

셋째, 덕을 조건 없이 베풉니다.

넷째, 희망과 집념을 버리지 않습니다.

다섯째, 높은 자존심을 지켜 품격을 갖춥니다.

인간의 주성분은 사랑입니다. 사랑은 하도 곱고 뜨거워서 인류 역사가 시작된 때부터 지구가 멸망하는 날까지 결코 사라지지 않는 고귀한 가치로 존재할 것입니다.

이성간의 사랑을 '홀로 사랑'이라고 한다면 그밖의 사랑은 '더불어 사랑'이라고 할 수 있습니다.

'홀로 사랑' 때문에 고통스러워하고 진저리를 치도록 애달파하는 사람이 많은 것은 도대체 무슨 이치입니까? 사랑을 갈구하는 사람들 가슴속에 지울 수 없는 상처가 남는 까닭은 또 무엇 때문입니까?

사랑에 굶주리지 않은 사람은 없을 것입니다. 사랑은 언제나 넘치는 법이 없습니다. 주는 쪽에서 아무리 지극해도 받는 쪽에선 부족하고 아쉽고 목마를 수밖에 없습니다.

그 무엇으로도 다 채울 수 없는 인간의 욕구는 아무리 쏟아부어도 다 채우지 못하는 함정 같습니다. 그래서 사랑은 '영원한 숙제'인지도 모릅니다.

이성간의 열정적 사랑은 누구나 한 번쯤은 치열하게 겪어야 할 당연한 인간사이고 지구를 짊어지고 가는 에너지이며 인류가 존재하는 까닭입니다.

사랑은 인간의 원초적인 본능입니다. 피할 수도 거부할 수도 없는 중요한 요소이자 숙제이기에 혼자보다 누군가와 함께 해답을 찾으려고 합니다. 여럿이 함께 찾으면 훨씬 쉬울 듯하지만 오직 두 사람만이 함께하려는 걸 보면 사랑은 '특정한 종속'을 원하는 듯합니다.

인간은 끊임없이 자유를 추구합니다. 인간다운 삶을 가꾸기 위해 자유는 필수항목입니다. 인간답다는 표현에는 언제나 '자유인'이 내포되어 있게 마련입니다.

그러나 사랑 앞에서만은 자유보다는 포박을 원합니다. 서로 구속되기를 자청합니다. 그래서 사랑에는 정교한 번뇌의 조각처럼 세상의 언어로는 표현할 수 없는 행복, 갈등, 희열, 고통이 뒤엉켜 있는지도 모릅니다.

두 남녀가 만나기 위해서는 각자의 부모가 존재해야 하고 그 부모가 존재하기 위해 그 윗대의 부모가 있어야 하고…… 그렇게 따져보면 연인의 만남은 수만 년이나 연결된 인연의 고리라는 것을 알 수 있습니다. 결국 두 사람의 인연은 세기적이자 역사적 사건이 분명합니다.

수만 년 동안 단 한 번만이라도 인연이 어긋났다면 두 사람은 만날 수 없었기에 사랑은 기적과 같습니다. 기적을 일군 사람들이니 세월이 갈수록 서로에게 더 필요한 존재가 되어야 합니다.

물론 인연이 다 좋은 것만은 아닙니다. 평생 의미가 있는 '선연(善緣)'도 있지만 두고두고 후회할 수밖에 없는 '악연(惡緣)'도 있게 마련입니다.

그러나 본디 '선연'과 '악연'은 없습니다. 두 사람이 만든 것일 뿐입니다. 상대 때문에 '악연'이 되었다고 말하지만 더 깊이

들여다보면 그것은 핑계입니다. 내가 옳고 상대가 그르다는 분별심 때문에 스스로 악연의 싹을 틔운 것입니다.

　결혼해서 평생 해로하는 부부도 있지만 이혼하고 원수지간이 되는 경우도 흔해졌습니다. 해로하는 부부라고 해도 모두 좋은 인연이라고 규정하기는 어렵습니다. 어쩔 수 없이 사는 부부도 있고, 겉으로는 좋은 사이인 척하지만 속으로는 정이 남아 있지 않은 형식적인 부부들도 제법 많습니다.

　사랑을 시작할 때의 감정이 시간이 흐름에 따라 무디어졌더라도 두 사람의 만남을 선연으로 만들기 위해서는 서로가 소중한 존재임을 잊어서는 안 됩니다. 그래서 신뢰하고 배려하고 존중하고 용서해야 합니다.

　한참 전에 시골 노인부부의 장기자랑과 퀴즈 대결로 시청자들의 웃음보를 터뜨리게 하는 텔레비전 프로그램이 있었습니다.

　한 할아버지가 '천생연분'이란 낱말을 맞히기 위해 "우리 같은 사이를 뭐라고 하지?"라고 물었습니다. 할머니가 대뜸 "웬수!"라고 대답하자 할아버지가 "네 글자!"라고 힌트를 줬습니다. 그러자 할머니는 거침없이 "정답!"을 외쳤습니다.

"평생웬수!"

그 바람에 사람들은 한동안 부부 사이를 '평생웬수'라고 하며 웃곤 했습니다. 웃자고 한 소리겠지만 은근히 공감들을 한 걸 보면 부부는 미운정과 고운정을 함께 품고 사는 것 같습니다.

세상에 완벽한 남자와 여자가 어디 있겠습니까? 어딘가 부족한 남자와 뭔가 모자란 여자가 만나 그 공백을 서로 메워가는 게 사랑이고 결혼입니다.

6장
지금 괴로운 이유는 무엇입니까

미워하는 사람을 애써 사랑하라는 말은 하지 않겠습니다. 미운 사람을 사랑하기란 쉽지 않습니다. 보통 사람은 거의 불가능합니다. 그러나 미움을 포기할 수는 있습니다. 쓰레기를 버리듯 버리십시오.

미움을 포기하는 법

　용서는 이러저러한 조건 없이 그냥 관대해져야 하는 것입니다. 무조건 용서하는 게 진정한 용서이며 단서가 붙는 건 상대적 용서입니다. 상대가 빌고 반성하고 사죄하기를 기다리는 건 계산된 용서입니다. 용서는 마음에서 우러나오는 것이지 생각하고 계산하고 이익을 추구하는 게 아닙니다.

　사람들은 도덕적으로나 법적으로만 용서하면 진정한 용서를 했다고 생각합니다. 상대를 용서했다고 생각하면서도 억울하고 분한 마음이 조금이라도 남아 있다면 그것은 진정한 용서가 아닙니다.

 용서하기 싫은데 상황 때문에 용서했다면 스스로 잘 벼린 칼로 상처를 입히는 것과 같습니다. 법적으로 고소하지 않고 그냥 참기로 했을 뿐입니다. 형식적인 용서로는 행복감을 맛보지 못하고 오히려 자신을 원망하게 되어 우울증으로 고통을 겪기도 합니다.

 진정한 용서는 영적인 용서입니다. 영적인 용서를 하면 그 과정에서 놀라운 변화를 겪게 됩니다. 참으로 행복하고 편안하고 자유로워집니다.

 용서하는 게 억울하고 손해 본다는 생각이 든다면 그것은 진정한 용서가 아닙니다. 증오의 고통이 얼마나 자신을 망가뜨리는가를 안다면, 정말 용서하기 어렵다면 그냥 잊어버리는 게 내 영혼을 위하는 길입니다.

 용서는 강자의 논리입니다. 어린아이가 내 뺨을 때리면 '이 노옴!' 하고 야단치는 걸로 끝내야지 버릇을 고친다며 어린아이의 팔목을 비틀어서는 안 됩니다. 그런데 나와 비슷한 또래의 사람이 내 발을 밟고도 그냥 지나치면 불러세워 야단을 치게 마련입니다.

 뺨을 때린 어린아이의 행실을 덮어줄 수 있는 건 용서입니다. 그래서 용서하는 사람은 진정한 강자입니다. 육신의 강자는 힘으로 해결하려고 하지만 정신의 강자는 용서로 해결하고 웃습니다.

'서(恕)'에는 스스로를 용서하고 가다듬는 '추서(推恕)'가 있고 남에게 관대한 '용서(容恕)'가 있습니다.

스스로를 용서하려면 자신의 잘못을 먼저 알아차려야 합니다. 잘못에 대한 진솔한 반성을 한 뒤에 마음을 가다듬는 것이 진정 '추서'입니다.

추서와 용서에는 연습이 필요합니다. 결코 쉽지 않지만 그렇게 어려운 것도 아닙니다. 버릇이 되면 참으로 행복해집니다.

용서는 내 기쁨이 분명합니다. 미움과 분노와 증오는 쏜 사람에게 반드시 되돌아와 꽂히는 독 묻은 화살 같아서 나를 해코지하는 특별한 능력을 갖고 있습니다. 반면 용서는 내 영혼을 평온하게 하고 가슴을 쭉 펴게 하며 나를 향기나게 합니다.

미워하는 사람을 애써 사랑하라는 말은 하지 않겠습니다. 미운 사람을 사랑하기란 쉽지 않습니다. 보통 사람은 거의 불가능합니다. 그러나 미움을 포기할 수는 있습니다. 쓰레기를 버리듯 버리십시오.

 산을 오르거나 다리를 다쳤을 때는 지팡이를 짚어야 편합니다. 그런데 산에서 내려오거나 다리가 완쾌되었을 때는 지팡이가 오히려 귀찮게 느껴집니다. 그렇게 꼭 필요하던 것도 버리고 싶은 마음이 드는데, 쓸데없는 쓰레기를 왜 가지고 있습니까? 남을 미워하고, 증오하고, 분노하고, 싫어하는 것은 영혼의 쓰레기입니다.

 혹시 음식물 쓰레기를 안방이나 침실에 두는 사람이 있을까요? 돈 주고 산 귀한 음식물도 버리면서 마음속에 있는 영혼의 쓰레기는 왜 쌓아둡니까?

 버리면 내가 행복해집니다. 보이지 않는다고 영혼의 쓰레기를 그냥 끌어안고 사는 것은 바보짓입니다.

 마음이 괴로울 때, 그 괴로움의 근원을 한 번 면밀히 살펴보십시오. 괴로움의 원인이 상대방 때문입니까? 상대가 내 마음을 긁었고, 상대가 내 속을 뒤집었고, 상대가 시비를 걸거나 욕을 하거나 비위를 상하게 했다고 생각하는 게 우선 편하긴 합니다. 그러나 내가 그의 심사를 어지럽혀 그런 결과가 나왔다고 한번쯤 생각해 보십시오. 상대가 내 마음을 어지럽힌 것은

내 영혼을 깨끗하게 하려고 일부러 그런 것이라고 생각하면 어떻겠습니까?

　어릴 적, 짓궂은 아이들이 장난치며 놀다가 고무신이나 더러운 옷 같은 걸 우물에 던져넣는 경우가 종종 있었습니다.
　그때 동네 어른들은 장대로 옷이나 고무신만 건져내는 게 아니라 굳이 장정들을 불러 샘물을 죄다 퍼내게 했습니다. 반드시 바닥을 휘휘 저어 침전물을 일으켜 마지막 물 한 바가지까지 다 퍼내곤 했습니다.
　그러고 나면 샘물은 정말 누가 보아도 깨끗해집니다. 짓궂은 아이들의 장난질을 계기로 깨끗한 샘물을 얻는 것입니다.
　자, 누군가가 내 마음을 괴롭히고 속을 뒤집었다면 그 사람이 내 영혼의 쓰레기를 깨끗이 퍼내라고 일러준 것이라 생각하면 어떨까요?
　샘은 눈에 보이니 아무 때나 청소할 수 있지만 영혼은 보이지 않기 때문에 누군가가 내 마음속에 오물을 던졌을 때에야 비로소 모든 쓰레기를 건져올릴 계기가 주어진다고 생각하면 마음이 편안해집니다.

  나를 괴롭히고 마음 상하게 한 사람이 곧 내 영혼의 쓰레기를 청소하게 해준 셈이니 도리어 그에게 고마워해야 하지 않을까요?

마음에 박힌 가시

어쩌다 있는 일이지만, 저도 제 자신을 추스르고 활짝 웃으며 사람답게 사는 맛을 느낄 때가 있습니다.

저는 젊어서부터 산을 좋아한 탓에 지금도 틈틈이 산행을 합니다. 어느 날, 등산로에서 애완견을 앞세우고 내려오는 중년 남자와 마주쳤습니다. 목줄에 묶이지 않은 채로 주인보다 앞서 겅둥겅둥 내려오는 개가 신경 쓰여 저는 일부러 비켜 걸었습니다. 그런데 느닷없이 개가 '와앙' 하고 달려드는 것입니다. 저는 겁결에 지팡이를 휘둘렀습니다.

서로 놀랐지만 다행히 개에 물리지도 않았고 제 지팡이에 개가 맞지도 않았습니다. 개 주인은 '워이워이' 하며 지팡이에 맞을 뻔한 자신의 애완견만 위로했습니다.

저는 몇 발자국 걷다 말고 돌아섰습니다. 머릿속을 휘젓는 생각은 두 가지였습니다.

첫째는 "여보시오, 미안하단 말 한마디가 그리 어렵습니까"라고 야단치는 거였고, 둘째는 "개를 놀라게 해서 죄송하기 짝이 없습니다"라고 비아냥대는 것이었습니다.

그때 문득 스승의 가르침이 떠올랐습니다. 그래서 뒤도 돌아보지 않고 걸어가는 그 사람을 향해 두 손을 모으고 작은 소리로 말했습니다.

"선생님, 제 마음속에 쓰레기가 있다는 걸 알려주시고 그걸 휘저어 퍼내라 일러주셔서 고맙습니다. 제 영혼의 쓰레기를 치울 때가 되었음을 알려주시어 감사합니다. 그동안 수없이 제 것만 소중한 줄 알았던 어리석음을 일깨워주셨으니 고맙습니다."

그리고 고개를 숙였습니다. 그랬더니 박혀 있던 가시 한 개가 쏙 뽑힌 듯이 가슴이 시원해졌습니다. 제 심사가 넉넉하여 자주 그럴 수 있으면 좋으련만…….

만약 이 세상에 용서가 없다고 가정해 보십시오. 우리 모두 살아 있겠습니까? 살아 있더라도 평온하겠습니까? 겉으로 평온하더라도 괴로움이 쌓여 있지 않겠습니까? 우리는 세상의 관대함과 도움 그리고 배려로 수없이 용서받으며 살아가고 있음을 잊어선 안 됩니다.

그런데 어째서 나는 용서받기를 원하면서 다른 사람은 용서하지 않고 그 때문에 괴로워합니까?

상대방을 용서하지 않으면 평생을 그 사람에게 얽매여 사는 꼴이 됩니다. 용서하기 싫으면 잊어버리십시오. 미움과 분노는 가시와 같습니다.

시골에 살다 보니 어릴 때 손가락에 작은 가시가 박히는 경우가 많았습니다. 내버려두면 신경에 거슬리거나 물건을 만질 때마다 기분 나쁘게 아프곤 합니다. 열흘쯤 내버려두면 그 자리가 곪거나 잔가시가 저절로 빠지기도 합니다. 하지만 그 열흘 동안은 기분이 참으로 좋지 않습니다. 바늘로 찔러 박힌 가시를 빼내면 그 순간은 아프지만 열흘씩이나 기분 나쁜 걸 피할 수 있습니다.

미움, 분노, 질시, 화, 슬픔, 괴로움은 영혼에 박힌 가시와 같습니다. 손가락에 박힌 가시는 눈에 보여 쉽게 뽑을 수 있지만 영혼에 박힌 큰 가시는 보이지 않아 자신을 끝없이 괴롭힙니다.

일이 잘못되어 날카로운 송곳이 몸에 박혔다고 상상해 보십시오. 누구라도 뽑아내려고 할 것입니다. 그런데 영혼에 박힌 가시를 굳이 뽑아내지 않을 이유가 있습니까?

눈을 감고 10분만 가만히 앉아 있어보십시오. 오만 가지 생각이 다 얽히고설킬 것입니다. 그런 걸 번뇌망상이라고 합니다. 과거에 집착하는 번뇌와 미래에 사로잡히는 망상은 걷어내고 걷어내도 연방 머리를 내밀곤 합니다.

쓸모없는 것, 나를 괴롭히는 것, 내 영혼을 갉아먹는 것은 자꾸 뽑아버려야 합니다. 꽃밭이나 잔디밭을 곱게 가꾸려면 잡초를 뽑아내야 하듯 우리의 마음밭을 편안하게 하려면 영혼의 가시를 아낌없이 뽑아내야만 합니다.

100세가 된 현역 최고령의 한의사는 매일 오전 9시에 출근하여 오후 7시까지 맥을 짚고 침을 놓는다고 합니다. 사람들이 그에게 무병장수의 비결을 어찌 묻지 않을 수 있겠습니까?

첫째, 마음을 편안하게 하고
둘째, 남의 허물을 잊고 용서하며
셋째, 소식(小食)하고 운동하라.

노(老) 한의사의 말 속에 따스한 진실이 스며 있습니다. 남의 허물을 잊어버리거나 그의 잘못과 죄를 용서하는 것은 나의 영혼에 박힌 가시를 제거하는 마음가짐입니다.

미국의 재판장에서 어느 판사가 빵을 훔친 죄로 재판을 받는 노인에게 왜 염치없이 빵을 훔쳐먹었느냐고 물었습니다. 노인은 사흘을 굶었더니 오직 먹을 것밖에 보이지 않았다고 대답했습니다. 결국 판사는 벌금 10달러를 선고했습니다. 노인의 딱한 사정을 인간적으로 용서하리라 생각했던 방청객들이 지나친 판결이라며 웅성거렸습니다.

그때 판사가 자신의 지갑을 꺼내며 이렇게 말했습니다.

"10달러를 내야 할 사람은 나입니다. 그동안 좋은 음식을 너무 많이 먹은 것에 대한 벌금으로 말입니다."

그러고는 방청석을 향해 한마디 던졌습니다.

"노인은 또다시 빵을 훔쳐먹을지 모릅니다. 그러니 여러분도 그동안 좋은 음식을 먹은 대가로 조금씩 기부해 주십시오."

웅성거리던 방청객들은 기꺼이 호응했습니다. 이 일화는 훗날 뉴욕 시장이 된 라구아디아 판사의 이야기입니다.

그렇습니다. 베풂은 많은 사람들에게 감동을 주고 기쁨을 나누어주는 묘약입니다.

용서의 위대함

　부끄럽지만 제게 얽힌 이야기를 하겠습니다.
　저희 아버지는 어머니 산소에 가던 중 뺑소니 교통사고로 돌아가셨습니다. 사람들은 치매 증세가 시작된 아버지로 인해 아들과 며느리가 고생할까 봐 어머니가 모셔간 거라고 듣기 좋은 말로 위로했습니다.
　중풍으로 세 번이나 쓰러져 반신불수가 되었지만 온 식구의 정성으로 아버지 혼자 가벼운 산행을 할 만큼 건강이 호전된 상태였습니다. 그런 아버지가 음주 운전자에게 참화를 당했으니 얼마나 분노가 들끓었겠습니까? 깊은 밤에 현장으로 달려가면서 저는 뺑소니 운전자를 만나면 어떻게 응징을 할까 수도 없이 생각했습니다. 다짜고짜 멱살을 잡고 아버지를 살려내라고 주먹질을 할까, 사람을 죽이고 도망치다 잡힌 범인이니 내가 어떤 짓을 한다 해도 정당방위로 참작되지 않을까 등등.

다음 날 아침이 되어서야 뺑소니 운전자를 만날 수 있었습니다. 형사에게 끌려 경찰서 현관으로 나서던 그는 저와 마주친 순간 오들오들 떨었습니다. 처참한 표정과 공포에 찬 눈빛으로 곧 쓰러질 듯 몸을 가누지 못했고 저와 눈길을 마주치지 않으려고 시선은 땅바닥에 두었습니다.

그 순간, 저도 모르게 다가가 그를 끌어안았습니다. 그러고는 제 의지와 상관없는 말을 지껄였습니다. 용서한다고, 내가 복이 없어 아버지를 잃었노라고, 내가 노와줄 테니 제발 떨지 말고 기운내라고…….

지금도 그 순간에 제가 왜 그런 말을 하고 그런 행동을 했는지 설명하기 어렵습니다. 누군가 제 입을 그렇게 열어주었고 제 몸짓을 그렇게 만든 것 같습니다.

경찰에게 누차 그를 잘 보살펴달라고 간곡하게 부탁한 뒤 저는 빈 하늘을 올려다보았습니다.

그때 경찰서에 함께 있던 친지 한 사람이 언성을 높였습니다.
"아버지를 죽인 원수는 대를 이어 갚으라 했는데 너는 좀 유명하다고 해서 원수를 그리 쉽게 용서하느냐? 불효이고 배은망덕 아니냐? 네가 잘났으면 얼마나 잘났느냐?"

이런 모진 말을 듣고 장례를 치르면서 저는 마음이 참 괴로웠습니다. 그래서 제 인생의 가르마를 타준 선배한테 그 사실을 털어놓고 하소연했습니다.

선배는 대뜸 제게 이렇게 물었습니다.
"하늘에 계신 자네 아버님께서 뭐라고 하실 것 같은가?"
저는 망설이지 않고 대답했습니다.
"그냥 용서하라고 하실 것 같습니다."
"그렇다면 자네가 옳았네."
그 한마디에 제 엉킨 마음이 풀렸습니다.

장례를 치르고 저는 담당 검사에게 편지를 썼습니다. 뺑소니 운전자를 죽이고 싶었던 마음부터 지금도 이해할 수 없는 그때의 제 태도와 친지의 핀잔과 선배의 판단까지 나열하면서 그를 용서해야 아버지가 편히 저승으로 갈 것 같다고 애원했습니다.

연애편지도 그리 애절하게 써본 적이 없습니다. 제가 그를 용서할 테니 그의 죄를 가볍게 해달라고 검사에게 구구절절 탄

원하지 않으면 아버지가 꾸중하실 것 같았습니다.

그렇게 아버지를 곱게 보내드린 뒤에 제 가슴은 참으로 평온해졌습니다. 저는 그때 비로소 용서의 위대함을 배웠습니다. 아버지가 제 옹졸한 가슴을 키워주려고 그 순간에 제 뜻과 상관없이 그를 끌어안게 한 것 같습니다.

일부 의학자들은 한국인의 특질적인 질병으로 화병을 꼽습니다. 화병은 불안, 불신, 공포, 분노, 증오, 답답, 우울 등으로 인해 생기는 병입니다. 그러나 유심히 살펴보면 화병은 핑계 때문에 생긴다는 걸 알 수 있습니다.

내 탓이 아니라 네 탓이라고 생각하며 분노하고 답답해하기 때문에 울화를 삭이지 못하는 것입니다.

가톨릭 기도문 중에 '내 탓이오, 내 탓이오, 내 큰 탓이로소이다'라는 게 있습니다. 자신의 내면을 살펴보십시오. 아픈 것도, 화난 것도, 분노한 것도, 짜증난 것도 모두 내 탓입니다.

상대방 때문에 화병이 생겼다고 주장하겠지만, 자신의 영혼이 허약하기에 생긴 핑계이기 쉽습니다.

자신이 근무하는 병원에서 수면내시경 검사를 받지 않으려고 하는 의사와 간호사들이 많다고 합니다. 가수면 상태로 검사를 받다 보면 사람마다 반응이 달라서 화를 내는 사람, 욕하거나 악을 쓰는 사람도 있다고 합니다.

평소 점잖던 사람도 술에 취하면 본성이 나오듯이 검사 중에 무의식 상태에서 그동안 쌓였던 게 터져나오는 겁니다.

화, 분노, 미움, 걱정 따위는 쌓아두지 마십시오. 쌓아둘수록 자신의 상처가 그만큼 깊어질 뿐입니다. 원망, 핑계, 가슴앓이 따위가 차곡차곡 쌓여 가슴에 맺히면 결국 그것들이 주인 노릇을 하게 됩니다.

핑계는 자신을 속이는 것입니다. 핑계를 대어 잠시, 스스로 위안을 삼을 수 있겠지만 화평할 수는 없습니다. 남을 속이는 건 사기이지만 자신을 속이는 건 불행일 수밖에 없습니다.

연극배우가 몇 개월 정도 노인 역할을 하면 허리가 굽고 주름살이 생긴다고 합니다. 생각도 말도 행동도 노인처럼 하기 때문입니다.

반면 젊은이 역할을 하면 금세 피부가 좋아지고 눈빛이 살아

나며 건강해진다고 합니다. 그래서 배우들은 병자 역할을 피하고 싶어합니다.

　연극에서의 역할도 그렇게 사람을 변하게 하는데 하물며 인생은 어떻겠습니까?

7장
어떻게 마음을 다스리겠습니까

꿈에서 탁 깨어나면 그만입니다. 이렇게 말하는 저도 실제 상황에 닥치면 깨어나지 못할 때가 훨씬 많습니다. 그러나 분명한 것은 꿈속을 헤매며 두려워하기보다는 탁 깨어나 환몽임을 아는 게 행복이라는 사실입니다.

깨달음을 얻은 날

　인생은 결코 평탄치 않습니다. 수없는 좌절과 고통과 갈등이 똬리를 틀고 앉아서 사람의 애간장을 녹이곤 합니다. 한세상을 잘 살았다고 널리 알려진 사람들의 자서전을 보면 모두 고통에 굴복하지 않았다는 공통점을 가지고 있습니다.
　한때 고통스러움에 밤잠을 설치고 세상을 원망한 적이 있었습니다. 지금도 돈과 권력과 명예 중에 고르라면 당연히 명예를 선택할 텐데 젊은 시절엔 명예를 더욱 각별히 생각했습니다.
　그때의 제 괴로움의 원인은 명예가 손상되는 것에 대한 고통이었습니다. 명예를 잃으면 세상을 잃는 줄 알았습니다.

그 무렵, 당시 조계종 종정이던 성철 대선사의 상좌 중에 한 스님이 종정스님을 뵈러 간다며 저의 괴로운 사연을 물었습니다. 저는 가슴을 열어 아픈 마음을 털어놓았습니다.

며칠 후 종정스님을 뵙고 온 그 스님이 저를 다시 불렀습니다. 종정스님한테 제 사연을 고했더니 빙긋 웃으며 이런 말씀을 전하라 하셨다고 했습니다. 제가 평생 잊지 못하는 성철 대선사의 말씀은 이랬습니다.

대나무처럼 살라!

처음에는 대나무처럼 살라는 성철 대선사의 화두를 알아듣지 못했습니다. 상좌스님의 자상한 설명을 듣고서야 저는 무릎을 쳤고 가슴이 시원해지는 걸 느꼈습니다.

대나무가 가늘고 길면서도 모진 바람에 꺾이지 않는 것은 속이 비었고 마디가 있기 때문입니다. 속이 빈 것은 욕심을 덜어내어 가슴을 비우라는 뜻이었습니다. 또한 사람마다 좌절, 갈등, 실수, 실패, 절망, 아픔, 병고, 이별 같은 마디가 없으면 우뚝 설 수 없다는 것이었습니다.

그렇습니다. 욕심을 채우고 또 채우면 결국 막다른 골목에 홀로 서 있게 됩니다.

비워야 채울 수 있고 틈이 있어야 비집고 들어갈 수 있으며 빈자리가 있어야 누군가 앉을 수 있는 것입니다.

또한 대나무 마디처럼 온갖 고뇌를 딛고 자라는 것이 인간의 본성인지도 모릅니다. 정신 멀쩡한 사람이 어찌 고뇌가 없을 수 있겠습니까?

대나무에 마디가 없다고 상상해 보십시오. 얼마 자라지 못해 모진 바람에 꺾일 수밖에 없습니다.

오히려 그 고뇌는 우리의 멘토가 아닐까 생각합니다. 고뇌가 우리를 강하게 만들어주고 미래를 개척해 주며 우리에게 살아갈 만한 가치를 제공해 주는 것입니다. 그래서 병마도 즐기고 좌절과 아픔도 벗하며 슬픔과도 어우러져 살 줄 알아야 합니다.

흔히 듣는 말 중에 현대의 금언과도 같이 여겨지는 것이 있습니다. 암을 미워하지 말고 벗 삼아 함께 살아가라는 전문가들의 조언입니다.

처음에 그 소리를 들었을 때는 참으로 낯설기만 했습니다. 암을 이겨내야지 어찌 벗 삼아 함께 살라 하는지 이해하기 어려웠습니다.

그러나 세월이 흐른 뒤에야 전문가들이 조언한 참뜻을 알게 되었습니다. 암을 미워하면 원망이 생기고, 그로 인한 죽음에 대한 공포와 불안이 암세포를 키운다고 합니다.

육신은 마음을 따라간다는 게 정설이 되었습니다. 암을 이겨낸 사람들은 암을 두려워하거나 미워하지 않고 벗하여 살았다는 게 과학자들의 연구결과였습니다.

어느 대기업의 사장이 이렇게 말했습니다.

"바람을 마주 보고 맞으면 역풍(逆風)이지만 뒤로 돌아서서 맞으면 순풍(順風)이 된다."

생각을 바꾸면 세상이 바뀝니다. 그런데 우리는 세상이 바뀌고 상대가 바뀌기를 원합니다. 그것도 내가 원하는 만큼씩 바뀌기를 바랍니다. 기도하는 대로 이루어지길 바라고 남보다 돈도 많고 명예도 지위도 높아지기를 원합니다.

성철 대선사의 말씀에 정신을 번쩍 차리고 그까짓 명예가 내

목숨보다 중요한 것도, 영원히 변치 않는 것도, 나 홀로 가져야 하는 것도, 설령 명예를 잃어도 되찾지 못할 것도 아니라는 생각을 하자 그날 밤부터 잠도 잘 자고 밥맛도 생기고 생기가 돌면서 금세 체중도 원상태로 돌아갔습니다.

생각을 바꾸니 마음이 그리도 평온한 것을, 한 가지 생각에 마음을 묶어놓고 질질 끌려다녔기에 분별력을 잃었던 것입니다.

'돈을 잃으면 많이 잃는 것이며 명예를 잃으면 아주 많이 잃는 것이고 건강을 잃으면 모두 잃는 것이다.'

이런 말을 들을 때마다 참 옳은 소리라는 생각을 했으면서 막상 제 문제에 봉착하니 쉽게 마음을 정리하기가 어려웠습니다.

세월이 지나고 보니 그때 명예를 잃은 것도 손해를 본 것도 아니었습니다. 오히려 참으로 많은 것을 배웠습니다. 앞으로 닥칠지 모를 큰 고통에 대비해 예방주사를 맞은 셈이 되었습니다.

속절없는 자랑 한마디 하겠습니다.

제15대, 16대 국회의원을 지내면서 8년 연속 의정평가 일등으로 기록되었던 저는 그래서 별명이 일등 국회의원이었습니다. 헌정사상 유례가 없는 평가이고 깨질 수 없는 기록이라고들 합니다.

흔히 말하는 일류대학 일류학과 출신도 아니고 고향이 영호남도 아니며 정치권 인맥도 없고 총재나 소속 정당과 늘 겨루기만 하던 제가 조금도 흔들리지 않고 명예를 지킨 것은 바로 젊은 시절의 그 고뇌를 딛고 일어서며 교훈을 얻었기 때문이라고 생각합니다.

　저는 잃어버린 우리의 소중한 역사를 되찾겠다는 일념으로 대하역사장편소설 『김홍신의 대발해』를 썼습니다. 3년 동안 두문불출하며 하루에 열두 시간 이상 책상 앞에 앉아 매일 200자 원고지 20매 이상씩을 쓰고 장관급 공직 제의와 국회의원 출마 제의도 거절한 채 500여 권의 역사서와 자료를 뒤져 1만 2천 매를 집필했습니다.

　너무 오래 햇빛을 보지 않고 만년필로 작업한 탓에 햇빛알레르기, 요로결석, 오른손과 목의 마비, 시력저하, 불면증을 얻었습니다. 다른 증상은 치료받으며 감당할 수 있었는데 불면증은 정말 고통스러웠습니다.

　새벽 3시 이후에 잠자리에 들고 오전 10시 이후에 일어나 글을 써야 하는데 아침 10시까지 잠들지 못하는 경우가 많았습니다. 그런 날은 원고지 한두 장 메우기도 어려워 기진맥진할 수밖에 없었습니다. 육체적 피곤보다 하루 20매 이상을 꼭 써야 한다는 강박관념이 저를 고통으로 몰아넣곤 했습니다.

그러나 주변에서 걱정할 때마다 저는 흰소리를 해댔습니다.

"역사소설을 쓰면서 하룻밤에 수십만 명도 더 내 손으로 죽이고 살릴 수 있으니 나를 건들지 말라!"

이렇게 뱃심 좋은 척하곤 했습니다.

그러나 꿈속에서 저는 당나라 군사에게 쫓기는 패잔병이거나 포위되어 적의 창칼에 죽는 병졸이었습니다. 다른 병졸은 잘도 달아나는데 왜 하필 저만 쫓기거나 창칼 앞에 떨어야 했는지 모릅니다. 왜 그리 걸음이 느리고 장애물에 걸렸는지 모릅니다. 그러다 죽기 직전에 놀라서 벌떡 일어나보면 식은땀이 흐르곤 했습니다.

꿈에서 깨면 그 모두가 거짓이었습니다. 인생도 마찬가지 같습니다. 욕심이 과한 것도 환몽이고 실패와 좌절과 고통과 슬픔이 없기를 바라는 것도 환몽입니다.

꿈에서 탁 깨어나면 그만입니다. 이렇게 말하는 저도 실제 상황에 닥치면 깨어나지 못할 때가 훨씬 많습니다. 그러나 분명한 것은 꿈속을 헤매며 두려워하기보다는 탁 깨어나 환몽임을 아는 게 행복이라는 사실입니다.

 세상은 늘 어렵습니다. 경기가 좋을 때는 그늘진 곳의 사람들이 어렵고 경기가 나쁠 때는 중산층까지도 고통스러워합니다. 어쩌면 많이 가진 사람과 크게 누리는 사람은 욕심이 많기에 보통 사람보다 더 고통스러운지도 모릅니다.

 그때 욕심을 내려놓으면, 그때 꿈에서 깨어나면, 그때 너털웃음을 웃을 수 있다면 당신은 악몽을 깨뜨린 지혜로운 사람이 됩니다.

 세상은 늘 고통을 나누어줍니다. 그러나 그 고통은 사람에게 강한 생명력을 줍니다.

소박하게 산다는 것

바다에서 갓 잡은 물고기를 서울까지 산 채로 가져오기 위해 저장고에 천적을 두어 마리쯤 넣어둔다고 합니다. 물고기를 그냥 싣고 오면 출렁거리는 저장고 속에서 지쳐 죽거나 살아 있어도 살이 흐물거리기 일쑤인데 천적을 넣어두면 살기 위해 부지런히 도망 다니기 때문에 아주 싱싱하게 서울까지 가져올 수 있다는 것입니다.

인생도 마찬가지라고 생각합니다. 세상이 화평할 수만은 없습니다. 우리 주변에는 나를 아프게 하고 힘겹게 하고 슬프게 하는 것들투성이입니다.

　그 포위망을 뚫고 나오기 위해서는 반드시 긍정적인 사고가 필요합니다. 긍정적 사고는 욕심을 퍼내는 힘입니다. 욕심이 넘치면 욕심이 주인 행세를 하고 내 영혼과 육신은 종노릇을 하게 됩니다.

　원숭이는 약삭빨라서 사로잡기가 어렵다고 합니다. 실험용으로 쓸 원숭이를 잡기 위해 수면총을 쏘면 높은 나무에서 떨어져 죽거나 다치기 때문에 전문가들은 원숭이의 욕심을 이용한다고 합니다.

　큰 상자에 무거운 돌덩이와 튀긴 닭다리를 넣어두고 원숭이 손목 크기만큼 구멍을 뚫어놓는데 사람들이 밧줄을 가지고 달려들면 닭다리를 쥔 채로 달아나던 원숭이는 얼마 가지 못해 잡히고 맙니다. 얼른 닭다리를 놓고 손을 빼면 될 텐데 작은 욕심 때문에 결국 잡히고 마는 것입니다.

　사소한 것에의 집착과 눈앞의 작은 이익 때문에 인생을 망치는 사람을 우리는 거의 매일 언론에서 대하곤 합니다.

정말 나 자신을 아끼려면 덜어내야만 합니다. 많이 먹고 운동을 하지 않아 두툼해진 뱃살을 덜어내기 위해 소박하게 먹고 운동을 하는 게 지혜이듯 말입니다.

명망가들이 한순간에 추락하고, 망신당하고, 평생을 애써 쌓아온 명예와 권세를 놓치고, 돈을 잃는 것은 과욕 때문입니다.

10여 년 전에 저는 지하 방에 가득 쌓아놓았던 책 1만여 권을 잃었습니다. 그곳에는 제가 쓴 책의 초판본을 비롯하여 수십 년간 모은 고서와 진귀한 책들이 있었습니다.

그 시절만 해도 단독주택의 난방시설은 동파이프였는데, 세월을 견디지 못하고 균열이 생겨 지하실은 물바다가 되었습니다. 무릎 높이까지 잠긴 뒤에야 알게 되어 경황없이 물을 퍼내고는 기술자를 불러 동파이프를 교체했습니다.

지하실에 있던 책은 단 한 권도 건져내지 못했던 터라 지금도 서고에는 제가 쓴 책의 초판본이 거의 없습니다.

그때 당시에는 얼마나 분했는지 모릅니다. 어떻게 해서든지 잃은 책을 되찾고 싶어서 저는 헌책방으로 달려갔습니다. 헌책을 한 짐 싸들고 와서 아픈 가슴을 달래보곤 했습니다. 그래도 쉬이 분을 삭이지 못했습니다. 서너 번쯤 더 헌책방에 갔다와서야 문득 제 자신을 돌아보았습니다. 어리석은 욕심으로 가득 찬 걸 깨달은 것입니다.

'도서관에 지천으로 깔려 있는데, 꼭 내 책꽂이에 꽂혀 있어야만 의미가 있는 것일까. 그렇게 따지면 대한민국에 있는 책을 다 사모아야 할 것이다. 꼭 내가 소장하고 있어야만 가치가 있는 것은 아닐 터, 내가 읽은 책들, 내가 소장했던 책들, 내가 지은 책들은 어딘가에 늘 존재할 것이다.'

내 눈앞에 있어야만 한다고 생각한 것이 욕심임을 알고 생각을 바꾸었을 뿐인데 그날부터 저는 신기하리만큼 마음이 편안해졌습니다. 잃은 것은 아쉬울 뿐이지 욕심이 뻗칠 일은 정녕 아니었습니다.

『맹자』를 보면 품격 있게 살기 위해서는 적어도 네 가지 마음이 필요하다고 합니다.

첫째, 어짊의 실마리로 남을 측은히 여기는 측은지심(惻隱之心).

둘째, 의로움의 실마리로 세상살이를 하며 부끄러워할 줄 아

는 수오지심(羞惡之心).

셋째, 예의의 실마리로 사양할 줄 알고 늘 겸손한 태도를 갖는 사양지심(辭讓之心).

넷째, 지혜의 실마리로 옳고 그름을 잘 분별할 줄 아는 시비지심(是非之心).

남을 측은히 여기는 어짊이나 부끄러워할 줄 아는 의로움, 사양하고 겸손한 예의, 옳고 그름을 분별하는 지혜 가운데 그 어디에도 혼자 누리고 많이 갖고 받으려고만 하는 욕심은 없습니다.

행복에 이르는 일곱 가지 방법

희망은 정말 공짜입니다

태양이 찬란해 보이는 것은 밤이 있기 때문입니다. 만약 어둠이 없고 찬란한 태양만 있다면 사람들은 진저리를 낼 것입니다.

희망은 좌절, 실패, 슬픔, 불행, 고통 같은 부정적인 것들을 통해 더욱 선명해집니다. 희망은 인간에게 태양과 같은 것이고 인간을 아름답게 만드는 기적입니다. 기적은 희망을 통해 이루어집니다.

남아프리카 최초의 흑인 대통령이자 노벨평화상 수상자로 널리 알려진 넬슨 만델라는 무려 27년 동안이나 감옥에 갇혀 있었습니다. 감옥에서 그는 한시도 희망의 끈을 놓지 않았습니다.

  무기수로 감옥에 들어간 만델라는 교도소장에게 부탁하여 교도소 마당 한귀퉁이에 작은 정원을 가꾸기 시작했습니다. 첫해는 사람 손길이 가지 않아도 잘 자라는 걸 심고, 이듬해는 작은 나무와 꽃씨를 뿌렸습니다. 그렇게 27년 동안 정성으로 정원을 돌보면서 자신의 육신과 영혼을 가꾸었습니다.

  희망은 억만금으로도 살 수 없습니다. 희망은 공짜입니다. 마음만 활짝 열면 말입니다.

  성공한 자는 자신의 콤플렉스를 딛고 일어선 사람이고, 실패한 자는 자신의 콤플렉스에 주눅 든 사람입니다. 실패하지 않는 사람이 어디 있겠습니까? 실패를 딛고 일어선 사람은 행복해지고 실패에 무너지는 사람은 불행해집니다.

  '행복 디자이너'라는 별명을 가진 최윤희 여사가 자신의 성공을 이렇게 표현했습니다.

  "슬픔의 마일리지, 역경의 마일리지가 쌓여 오늘의 내가 있다."

간결하지만 희망을 참 잘 표현했다고 생각합니다. 그녀는 또 '인생 최고의 항암제는 희망이다'라고 했습니다. 나는 그녀의 성공이 아름다워 박수를 쳤습니다.

희망은 온탕처럼 따스하고 절망은 냉탕처럼 차갑습니다.

언젠가 3일 동안 명상 수련에 참가한 적이 있는데, 목욕 명상이란 프로그램이 있었습니다. 1분 30초씩 냉온탕을 반복하는 수련인데, 온탕은 38도쯤 되고 냉탕은 수돗물을 그냥 받아놓은 것이었습니다. 그런데 온탕에 들어가서는 가능하면 더 있다 나오려 하게 되고 냉탕에 들어가서는 가능하면 빨리 나오고 싶어집니다. 저만 그런 게 아니라 누구든 그럴 수밖에 없습니다.

누구나 냉온탕 중에 선택하라고 하면 온탕을 택할 것입니다. 그런데 어째서 인생살이에선 냉탕에 머물려고 합니까? 박차고 나와 따스한 곳, 햇살이 비치는 곳, 기쁨이 있는 곳, 웃음이 만연한 곳, 사랑과 정이 넘치는 곳으로 가야 합니다.

희망은 긍정적 생각에서 나오고 절망은 부정적인 생각에서 나옵니다.

  한 조사에 따르면, 장수하는 100세 노인들은 대체로 가족과 친구 등 사랑하는 사람들을 잃은 경우가 많지만 그로 인해 애통해하기보다는 그들이 나보다 먼저 하늘나라에 가서 영생하는 것이라며 긍정적으로 생각한다고 합니다.

  세상 살맛이 나지 않는다고 생각하면 나쁘고 힘한 것이 잘 보이게 마련입니다. 밥 먹을 때도 농약 걱정을 하게 되고, 길거리에 나서면 자동차 타이어의 분진이나 나쁜 공기를 걱정하며, 정치에 금세 분노하고, 이웃에게 곧잘 화가 나며, 쓰레기가 눈에 잘 들어옵니다.

  반면 세상 살맛이 난다고 생각하면 좋고 예쁜 것들이 눈에 잘 띄게 됩니다. 꽃 향기에 미소짓고, 사계절 뚜렷한 기후가 고마우며, 햇살에 기분이 맑아지고 살가운 바람과 좋은 이웃에게 감사함을 느낍니다.

  동화작가 안데르센은 매우 가난한 집안에서 태어나 초등학교도 다니지 못했으며 알코올중독자인 아버지에게 학대를 당하곤 했습니다. 그는 그런 역경 속에서도 다락방에 누워 행복한 상상을 즐겼습니다. 아버지는 좋은 사람이고 집이 가난한 것은 축복이라고 말입니다.

동화작가로 명성을 얻었을 때 그는 이렇게 말했습니다.

"생각해 보니 나의 역경은 정말 축복이었습니다. 가난했기에 『성냥팔이 소녀』를 쓸 수 있었고, 못생겼다고 놀림을 받았기에 『미운 오리새끼』를 쓸 수 있었습니다."

사람은 누구나 역경을 겪게 마련입니다. 하지만 역경에 굴복하면 불행과 마주치고 역경을 딛고 일어서면 행복의 운동장에 들어서게 됩니다.

희망을 놓치면 우울증이 생긴다고 합니다. 이를 입증하는 실험이 있습니다.

쥐를 세 그룹으로 나누어 첫째 그룹은 한 시간 내내 자극을 주고, 둘째 그룹은 자극을 주지 않았으며, 셋째 그룹은 자극을 주다가 멈추기를 반복했습니다.

실험 결과 우울증에 걸리는 순서는 첫째, 둘째 그룹이었다고 합니다. 첫째 그룹은 자극 때문에 희망을 잃었고, 둘째 그룹은 무위도식에 취해 희망을 꿈꾸지 않게 된 것이 아닐까 합니다.

　결국, 셋째 그룹만이 희망을 버리지 않았고 그 때문에 우울증에 걸리지도 않았다고 합니다. 자극을 받아 괴롭지만 얼마쯤 지나면 편안해질 것을 믿기에 쉽게 우울해지지 않았던 것입니다.

　그 믿음은 곧 희망입니다. 인생은 결코 순탄하지 않습니다. 내 의지와 상관없이 나를 괴롭히고 아프게 하고 슬프게 하는 자극들이 무수히 반복되기 마련입니다. 그런 자극들이 나를 강하게 만들고 건강하게 만들고 행복하게 만드는 디딤돌이 됩니다.

　돼지의 엔도르핀 1밀리그램을 추출하여 해산하는 여인에게 주사하면 고통이 사라진다는 기사를 읽은 적이 있습니다. 그 엔도르핀의 가격은 무려 2천만 원을 호가한다고 합니다.

　사람과 사람이 서로 사랑하면 엄청난 양의 엔도르핀이 생성된다고 합니다. 사랑은 현재와 미래에 대한 희망이기 때문에 엔도르핀이 형성되는 것입니다. 그렇기 때문에 사랑하는 사람들은 우울증에 걸리지 않습니다.

물과 불은 기운은 있으나 생명이 없고, 풀과 나무는 생명은 있으나 지각이 없으며, 새와 짐승은 지각은 있으나 의로움이 없다고 합니다. 사람은 기운과 생명과 지각과 의로움을 가졌기에 존귀합니다.

소만큼 세지 못하고, 달리는 건 말보다 못하며, 새처럼 날지도 못하지만 사람이 소와 말을 부리고 새를 잡아 기르는 것은 여럿이 합심하기 때문이며 그것이 곧 의로움이라고 합니다. 의로움은 사람들이 희망을 버리지 않기에 얻어지는 것입니다.

저의 정신적 스승인 법륜 스님이 사람들에게 행복하게 사는 삶의 자세 일곱 가지를 일러주셨습니다.

첫째, 웃으며 즐겁게 살자.
둘째, 소박하게 살자.
셋째, 나누며 살자.
넷째, 감사할 줄 알자.
다섯째, 희망을 갖자.
여섯째, 재미있게 일하고 세상에 보탬이 되자.
일곱째, 보람 있게 살자.

그 어느 것도 절망을 말하지 않습니다. 모두 희망찬 것들입니다. 세상의 모든 일을 긍정적으로 생각하는 일입니다.

행복하게 사는 일곱 가지 방법을 제 나름대로 정리해 보았습니다.

웃으며 즐겁게 살자

10분 동안 웃고 사랑하면 10분 예수님, 10분 부처님이 되지만 10분 동안 찡그리고 미워하면 10분 악귀, 10분 마귀가 됩니다.

소박하게 살자

내가 먼저 절약해야 합니다. 소박하게 먹어 몸을 가볍게 하고, 소박하게 생각하여 영혼을 편케 해야 합니다.

나누며 살자

내가 원하는 게 있다면 다른 사람이 원하는 걸 들어줘야 합니다. 복을 지어야 덕을 보게 됩니다. 나누면 나와 이웃과 세상이 행복해집니다.

감사할 줄 알자

지금 내가 가진 것만으로도 감사하고 또 감사합니다. 지금 살아 있는 것만으로도 행복합니다. 숨 쉬고 생각하고 울고불고 하는 것도 감사할 일입니다.

희망을 갖자

얼음이 녹으면 무엇이 되느냐고 물으면 '물이 된다'고 하기보다는 '봄이 온다'고 말할 수 있으면 좋겠습니다. 희망은 사람이 가진 최고의 자산입니다.

재미있게 일하고 세상에 보탬이 되자

내가 살아 있는 것은 세상의 수많은 사람들의 수고 때문입니다. 그렇다면 나도 사람들을 기쁘게 하고 세상에 조금이라도 보탬이 되어야 합니다.

보람 있게 살자

웃고 즐기고 건강하고 행복하게 살며 남을 기쁘게 하면 절로 보람 있게 살게 됩니다.

웃으며 즐겁게 사는 사람은 참으로 멋스럽고, 소박하게 사는 사람은 진정 건강하며, 나누며 사는 사람은 덕을 짓는 자이고, 감사할 줄 아는 사람은 겸손하여 복을 받고, 희망을 갖는 사람은 참으로 자유로우며, 재미있게 일하고 세상에 보탬이 되는 사람은 아름답게 성공한 자이며, 보람 있게 사는 사람은 진정 행복한 자입니다.
　희망은 결국 행복으로 가는 지름길이자 가장 사람다운 징표입니다.

글을 마치며

결코 늦지 않았습니다

 수많은 현인들이 무수한 가르침으로 사람답게 사는 비법을 알려주었는데, 그것이 바로 '인생사용설명서'가 아닐까 싶습니다.
 '인생사용설명서'가 있다면 당연히 '울고불고 화내고 분노하라'고 적혀 있지 않을 것입니다. '날마다 웃고 즐기며 행복하라'고 적혀 있을 것입니다.
 가전제품을 사면 사용설명서가 들어 있습니다. 사람에게도 몸과 마음을 어떻게 사용해야 할지 알려주는 설명서가 존재하지만 대부분 사용법대로 살지 못합니다.
 사용법대로 사는 데는 특별히 돈이 더 들지도, 시간이 더 필요하지도 않습니다. 밤낮없이 애쓸 필요도 없습니다. 내 몸을 위해 기름지고 비싼 음식을 먹기보다는, 소박하게 먹고 몸을 가볍게 하고 적절히 운동하며 웃고 즐기며 사는 것이 중요합니다.

내 영혼을 위해서는 늘 좋은 생각을 하고 남을 기쁘게 하며 세상에 보탬이 되고 행복에 겨워야 합니다. 인생사용법은 복잡하거나 불편하거나 지키기 어렵지 않습니다.

단 한 번밖에 주어지지 않는 인생을 보다 풍요롭게 살기 위해서는 스스로 인생사용설명서를 갖춰야 합니다. 지금도 결코 늦지 않았습니다. 오늘부터, 우리에게 '인생사용설명서'가 있다면 거기에 무엇이라 적혀 있을지를 생각하면서 살아가면 됩니다.

그리고 '인생사용설명서'의 첫머리에는 분명히 자신을 먼저 지극히 사랑하라는 말이 적혀 있다는 것을 잊지 마십시오.

오늘의 제가 존재하기까지 참으로 많은 분들의 따뜻한 시선과 보살핌이 있었습니다. 이제부터 그 빚을 갚는 노력을 게을리 하지 않으려고 합니다.

그래서 세상에 조금이라도 보탬이 되기 위해 강연, 강의, 대

담, 글 등을 통해 나누었던 이야기들 중에 청중들의 반응이 좋았던 이야기들을 골라 엮었습니다.

　작은 가슴으로 큰 이야기를 하게 되어 부끄럽습니다.

2009년 6월

김홍신

김홍신
인생사용설명서

초판 1쇄 2009년 6월 20일
초판 33쇄 2024년 10월 20일

지은이 | 김홍신
펴낸이 | 송영석

펴낸곳 | (株)해냄출판사
등록번호 | 제10-229호
등록일자 | 1988년 5월 11일(설립일자 | 1983년 6월 24일)

04042 서울시 마포구 잔다리로 30 해냄빌딩 5 · 6층
대표전화 | 326-1600 **팩스** | 326-1624
홈페이지 | www.hainaim.com

ISBN 978-89-7337-063-4

파본은 본사나 구입하신 서점에서 교환하여 드립니다.